絶対やってはいけない会社の人事

トムズ・コンサルタント株式会社
河西 知一・小宮 弘子

SOGO HOREI PUBLISHING CO., LTD

はじめに

会社では様々な問題が発生します。どんなに経営者が思慮深くても、優れた技術力を誇る優良会社であっても、問題がまったく発生しないという会社に出会ったことはありません。しかも、問題発生の理由の多くは、経済的なものや商品開発的なものよりも、社員である〝人〟に起因する事例が近年非常に多くなってきました。社員側の意識にも変化があり、以前のような「滅私奉公」「家庭的職場」「話せばわかる」「見習い徒弟制度」などの要素や言葉はすべて死語となりつつあります。

現代はインターネットの発展により、他社の事例や労働法の解釈などについて素早く、簡単に手に入れることができます。その結果、自分が働いている会社に問題点があれば、社員はこれを容赦なく追及する傾向が強くなってきました。したがって、経営者は本来、人事制度の策定やその運用などについて慎重に対応しておくべきなのですが、残念ながら他社や関連会社のコピーで済ませているケースも多く、準備万端とは言えないようです。しかし、問題が起こるたびに対症療法的に対応する手法はもう限界です。

はじめに

また、問題ないはずであると導入された制度であっても、時には有効でないものが多数あります。有効であるはずの制度が運用の方法で逆効果となる場合もあります。さらに経営者や人事部長の勘違いが含まれていることもあります。

人事制度を詳細に解説するためには、「人事制度とは本来こうあるべきである」という内容を提供するのが本道なのですが、それではどうやら明日起きるかもしれない事件に間に合わないことに気づいています。また、人事制度全般の見直しには相当な時間を要することも事実です。そこで本書では、今すぐに見直さなければならない部分や事項、時には手法にスポットを当て、いち早く対応を整えていただこうという趣旨の下、『絶対にやってはいけない会社の人事』として刊行いたしました。したがって、どこから読んでいただいても結構です。一番気になる項目から読んでいただく方が有効かもしれません。中には常識とは違う意外なものが含まれています。

弊社はこれまで大小600社を超える会社の人事制度に携わってまいりました。豊富な経験の中から「これは」と思われる部分を抽出したつもりです。経営者の方や人事部門の方はもちろん、時には社員の方々にもお読みいただき、今後の会社運営に少しでもお役立ていただければと存じます。

目次

第5章 非正規雇用者編

第6章 退職・解雇編

第1章

採用編

01

絶対やってはいけない、こんな採用面接

採用面接で絶対確認しなくてはいけないこと

人事部は多くの人を採用する部署でもあります。新卒採用であれ、中途採用であれ、なんらかの採用試験を実施しているはずです。

その中でも採用面接は欠くことのできない採用試験のひとつです。時にはたった30分程度の会話の中で応募者の適性なり能力を判断し、採否の決断をしなければならないのが採用面接です。できる限り慎重であるべきにもかかわらず、その手法に統一性があるわけでなく、面接を実施する担当者の考え方に委ねられているのが現実です。したがって、確認しなければならなかったことが確認できていないばかりか、本来聞いてはいけないことま

で聞き出してしまい、後で問題となるケースも多いものです。

確認しなければならないこととは、当該応募者が入社後に携わる予定の業務に相応しいかどうか、会社の社風に馴染めるかどうか、なによりも前向きな姿勢を持っているかどうかなどです。

応募者の本音を見抜く質問テクニック

ところが、一見簡単そうに思えるこの確認が実は非常に難しいのです。応募者は誰もが採用試験に合格したいものですから、本心よりも前向きな発言をする傾向があります。そもそも面接の練習まですることがあります。面接官は質問の角度を変えることなどで、本音を見抜かなければなりません。

「時には大量の事務処理を集中して作業しなければならないことがありますが、大丈夫ですか？」

「事務処理は得意な方だと思いますか？」

「当社のどんな仕事に興味がありますか?」

お気づきでしょうか。これらは本来聞くべき順番が逆となっています。予想される質問の順番どおりに練習していても、逆の順番で聞かれると本音で答えてしまうことがあります。

また、会話の途中で「強いて挙げれば、あなたの弱点はなんですか?」などと質問してみます。答えそのものも重要ですが、答え方、態度、表情などを注視します。人は予期せずにネガティブなことを発言しなければならない場面では、人間性が前面に出てしまうものです。

採用面接で聞いてはいけないこと

昨今では、採用面接で聞いてはいけない項目が明確に示されており、それを知らない高齢役員に面接官を依頼するときには特に注意が必要です。ひと昔前まではあたりまえのように聞いていたことが現在では絶対にご法度という場合があるからです。特に高校生の新卒採用については、事前に全国の公共職業安定所（ハローワーク）への届け出が必要です。高校生は採用面接で聞かれた内容や疑問点について、ハローワーク経由で報告するシステムがあります。もちろん、うかつな質問はどんなときでも控えるべきです。

以下に採用面接で聞いてはいけない項目を列挙します。

①本人以外の家族の職業

以前は「お父さんのご職業は？」などと当然のように聞いたものです。昭和の時代には身上書に家族の職業を記載する欄がありました。しかし、現在は本人のスキルについて聞くのならともかく、家族の職業を聞くべきではないというのが常識です。

②結婚や出産の可能性

通常の社会生活の中で、婚姻や出産は普通の出来事ですから、その可能性を面接で聞き出すことは男女ともに止めておくべきです。最近は、出産予定の女性社員や育児休業取得者を差別することを「マタハラ」（マタニティハラスメント）と言うようになっています。

③ 持家に住んでいるか

住居が持家か賃貸か、あるいはローンがあるか否かなど、およそ本人の能力と関係のない質問も良くありません。

④ 血液型

まさか血液型で落とすことはないと思いますが、聞かない方がベターでしょう。実際に血液型で採否を決定すると公言して大問題となった企業のケースがあります。

採用面接は人事で最も重要な仕事の1つ。テクニックを磨くと同時に、質問事項にも気をつける！

02 絶対やってはいけない、役員紹介採用

百害あって一利なしの役員紹介採用

世の中には、役員のコネがないと入りにくいという会社がいまだに存在するようです。または労働裁判のヤリ玉に上がるような会社では、役員紹介採用が横行している気がしています。

しかし、これからは本人の素養や将来性を見て採用するべきであり、誰かの紹介や役員の親族だから採用されるような会社の将来は非常に危険であると言わざるを得ません。実際、そんな会社に限って業績は急降下しているはずです。

反対に、採用後に問題社員化した社員は、役員や代表者の紹介であることが多いのです。

そのような経緯で採用された社員の多くは心のどこかで、「私は役員の紹介で来たのだから、君たちとは違うのだ」といった驕りがあります。他の社員からすれば実はいい迷惑となっています。社員はほんの少しの心の動きや態度に敏感なものです。

また、本来は社員として我慢すべき場面でも、少しずつわがままな動きをするのは紹介採用者であることが多いのです。会社とはそもそも理不尽なことがあるし、新入社員の意見など滅多に通ることもありません。ところが、役員からの紹介で採用された者は自分の意見を強引に通そうとする傾向があります。

これが高じてくると、結局は非常に程度の低い問題社員となることが多いのです。最悪の例では、紹介した役員や社長さえも手に負えなくなることがあります。

役員紹介採用者の試用期間中の扱い

さらに次項でもご紹介する「試用期間」についても、役員の紹介であるがためにせっかくの試用の意味が皆無になってしまったという例を見たことがあります。

したがって、以下に掲載する就業規則の例のうち、横線を引いた箇所のような表現はしないことが肝要です。

> 第＊＊条　会社は、新たに採用した者に対して採用の日から3カ月間の試用期間を設定する。試用期間中または試用期間満了のときに会社への本採用が不適格と認められる場合には、解雇を通告することがある。
>
> 2　会社は必要があると認めるときには、前項の試用期間を本人に通告の上、1カ月を限度として延長することがある。
>
> 3　試用期間は会社が必要ないと認めた場合、または役員の紹介で採用された者についてはこれを省略することがある。

役員紹介採用は禁止することが望ましいのですが、完全になくすことができない場合、試用期間だけは他の社員と同等に扱うことを強くお勧めします。役員の紹介であっても採用試験や採用面接は分け隔てなく実施し、それでも採用であれば問題は少なくなると思われます。できれば試験官や面接官には役員紹介の事実を伏せるくらいの努力がほしいところです。

役員紹介採用は問題社員が生まれる温床。
可能な限りなくすか、他の社員と平等に扱うべし！

03

絶対やってはいけない、「とりあえず本採用」

せっかく設けた試用期間を有効に活かす

ほとんどの企業では、試用期間を設定しています。にもかかわらず、これが案外ないがしろにされていて、「とりあえず本採用」という対応になっているようです。

モンスター社員をそもそも採用してはいけませんが、面接や試験では判断しきれない適性を見極め、会社と社員双方が納得できる人事にするには、試用期間の観察こそが最後の砦となります。そのためにも「とりあえず本採用」という感覚からは今すぐに脱却しましょう。

試用期間の長さ

多くの会社では、新たに社員を採用した場合に、一定期間の試用期間を設けており、その長さは3カ月程度が標準となっています。管理職や研究開発部門などの場合であっても、6カ月が限度であると思われます。

試用期間内での解雇の有効性

新入社員を試用期間内で解雇する場合については、その期間に上司や人事担当者がきちんと勤務の状況を観察していることが重要となります。

現実問題として、日本では一度採用した正社員を解雇することは、よほど合理的な理由がない限り難しい状況にあります。特に本人の能力不足や勤務状況不良を解雇理由とする場合、その証明は非常に困難です。

しかし、試用期間内であれば、前出のような理由であっても解雇が有効となることが多いのです（左記判例を参照）。上司や人事担当者は、新卒採用・中途採用のいずれにおいても、試用期間をきちんと観察期間ととらえ、「とりあえず本採用」などといった怠慢な対応を絶対に行わないようにしましょう。

試用期間中の解雇が認められた判例

試用期間の定めは、当該労働者を実際に職務に就かせてみて、採用面接などでは知ることのできなかった業務適格性などをより正確に判断し、不適格者を容易に排除できるようにすることにその趣旨、目的があるから、このような試用期間中の解雇については、通常の解雇の場合よりも広い範囲における解雇の自由が認められるというべきである。
〈ブレーンベース事件　東京地判　平13・12・25〉

被告就業規則記載の「従業員として不適格と認められるとき」とは、従業員として求められる能力や適性を著しく欠いている状態を意味すると解するのが適当である。原告は、事務処理能力が大幅に劣ることを考慮すると、普通解雇事由が存すると認められる。

〈三井倉庫事件　東京地判　平13・7・2〉

試用期間を設けているにも関わらず活用していない企業は多い。人材を見極める観察期間として、試用期間をフル活用しよう！

04 絶対やってはいけない、こんな入社誓約書

誓約書を書かせる主目的は会社の機密保持へ

入社の際、どの会社でも社員に入社誓約書の提出を求めます。多くの場合、それほど重要なことが記載されているわけではなく、「誠実に勤務する」「社内の規律を守る」などという内容になっています。

しかし、昨今では誓約書の質も変化してきました。誠実に勤務するのは当たり前のことであるので、もう一歩進んで「機密保持誓約書」を作成する会社が増えているのです。機密とは、営業秘密を指すこともありますが、マイナンバー導入後は社員の個人情報なども重要な機密となりえます。

したがって、社員には入社するときから機密保持の重要性を認識しておいてもらうことが必要です。入社時の誓約書は「機密保持誓約書」に変えるか、または追加する措置を早急にとられることをお勧めします。

誓約書に盛り込むべき内容

以下に、誓約書について留意すべきポイントを挙げます。

①「誠実に勤務する」だけでは不十分

誠実に勤務する感覚はもちろん大切ですが、このような記載がなされていても読み飛ばしてしまうのが普通です。また、「あなたは誠実ではないですね」という指摘に対しても、なにを証明してよいのかわからなくなります。これからの誓約書には、より具体的な表現が求められるのではないでしょうか。

②保持すべき情報を明確にしておく

会社とはそもそも情報に埋もれています。この中から漏洩《ろうえい》してはならない情報群を明確にしておく必要があります。文書による情報管理がメインであった時代には、それぞれの書類に「持ち出し禁止」「閲覧禁止」「秘密」「人事内管理」などの表紙をつけたものです。

しかし、情報管理がサーバー内管理などへ移行した際に、これらの注意を怠ってしまった会社もあるようです。データ管理となると、文書管理の時代よりもさらに大量のデータが瞬時に漏洩、流出する危険性があるわけですから、厳重な管理が必要となります。データごとにアクセス制限などをつけることをお勧めします。

誰でも、いつでもアクセスできる情報について、「営業機密の持ち出し」として社員である個人を処罰したところ、アクセス制限さえ考慮しなかった会社も悪いと判定されたケースがあります。

③社員個人情報にも厳重に注意

顧客情報に注意するのは当然のことですが、今後は社員個人情報にも厳重な管理が求められます。特にマンナンバー制度導入後は問題が大きくなると言わざるを得ません。

マイナンバーが記載されたデータは、この事務の取扱いを許可された者だけがアクセスできるように改善すべきです。そもそもマイナンバーを社員のデータのひとつのデータベース項目と認識すべきではありません。したがって、住所や氏名と同様の位置にマイナンバーがあってはいけません。特に出力時にむやみに、または無意味に出力されることのないようにシステムを構築すべきです。

④入社時から情報管理について誓約書をもらう

これから入社する社員には、入社時から個人情報や営業情報などの漏洩を絶対にしないという誓約書をもらうべきです。これからの社員に求めるべき資質の中でも、「機密保持能力」は最優先で身につけてもらうべき素養であると確信します。

形式だけの誓約書に意味はない。
これからは情報漏洩や機密保持に関する誓約が重要！

第2章

就業管理編

01

絶対やってはいけない、長時間労働の放置

長時間労働を原因とする労務トラブルが増加中！

昨今では長時間労働が原因となる労務トラブルが増加しています。１９７０年代にはサラリーマンの理想的な姿は「モーレツ社員」と呼ばれる人々であって、喜んで長時間労働や休日出勤などを甘受したものです。

ところが、近年はこれらこそが精神疾患の原因と言われはじめました。社会構造の変化も影響しているのでしょうが、精神疾患者が増加し、疾患が原因での休職や退職も非常に多くなっているところです。さらに〝ブラック企業〟と名指しされる会社の原因の最たるものが長時間労働となりつつあります。

残念ながら、現在の各社の経営陣の多くは「モーレツ社員」と呼ばれた企業戦士たちであることが事実ですから問題点を把握しにくいのです。うっかりすると「こんな時間までがんばってくれた人を批判するな」「時間外手当は払わないが賞与を多めに出してあげよう」など時代遅れの発言に終始し、サービス残業を奨励さえしてしまい、世間の批判を浴びてしまうことになります。

本書のテーマである「やってはいけない会社の人事」の中でも最も危険度の高い部類の問題と言えます。

■長時間労働を防ぐには

以下は長時間労働を防ぐためのポイントです。

①会社がそもそも長時間労働を奨励しない

前文でも書いたように、人事は少なくとも長時間労働を推進してはいけません。もし長時間労働者がいる場合には、原因を究明し、本人と対話し、会社が長時間労働を決して奨励していないことを明確にしておきます。

人事系の部署だけでなく、経営陣も巻き込んで労働時間の削減を目指すことを確認すべきです。たった一人の経営陣のたった一言で計画は台無しとなります。

②長時間労働の目安を定める

それでは、どこからが長時間労働となるのでしょうか。

実は厚生労働省では以前から目安を発表しています。まずは1月あたりの時間外労働が100時間を超えて労働者が申し出た場合には、ただちに産業医の面接指導を受けさせることが義務づけられていますから、100時間を超えない努力が必要です。さらに2～6カ月の平均が1月あたり80時間を超える場合にも同様の措置が努力義務化されていますので、1月あたりの時間外労働が平均80時間を超えないことが、次の目安でもあります。

とはいえ、安心感を持つためには三六協定に記載する45時間以内の時間外労働が理想的です。複数の労働判例でも「時間外労働が月あたり45時間以内である場合には、当該疾患と時間外労働には起因性は少ないと言える」となっています。

時間外労働が多めの企業においては、近未来までに月あたりの時間外労働時間について45時間以内を目安に設定することをお勧めします。

③生活残業を許さない

残念ながら労働者の一部には生活費の糧として時間外労働を計算に入れている人々がいます。これは困ったものです。このことを指摘しても本人が認めることはまずありません。どんな作業量であっても一定の時間外を見込んで仕事をします。このような社員が会社全体における時間外労働の抑制に努めることによって自然に減少すれば良いのですが、現実にはなかなか難しいものです。

人事は今一度このことを目的とした業務分析を実施し、生活残業を絶対に許さない姿勢を示すことが必要です。

④帰りにくい雰囲気を打破する

会社ぐるみで時間外労働の抑制を勧めます。経営陣の了解も得ておいてください。管理職こそ早めに帰るようにします。せっかく人事が音頭をとって早く帰るような運動を起こしても、現場の管理職の理解がないとうまく機能しません。中には「おれがいるうちは帰るな」などと宣言する管理職もいるようです。ぜひ業務が終了した人から帰れる職場にしてください。

長時間労働は今後の労務トラブルの最重要テーマ！
経営者や管理職の意識変革が必要！

02 絶対やってはいけない、こんな残業抑制策

実は難しい、時間外労働の抑制

時間外労働の過多は会社をつぶすことさえあります。以前は許された会社の対応が現在ではことごとく問題とされることが多いのです。

そこで、どの会社でも時間外労働の抑制策を打ち出しているのですが、ここでまた問題となります。

労働時間そのものの抑制は実は簡単なことではありません。個々の会社に長年にわたって染みついた仕事のやり方や、そもそもの会社のあり方にもかかわることだからです。たとえば、もともと深夜作業の多い業種・業界では、根本的な考え方を変えない限り、いき

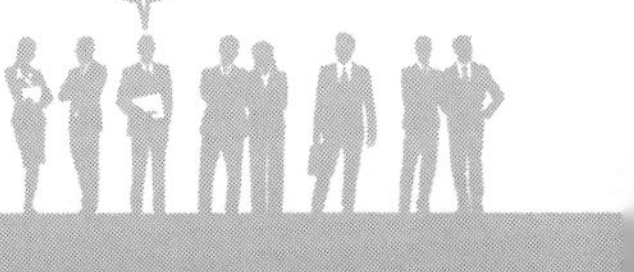

なり時間外労働の削減だけを訴えてもうまくいくものではありません。その結果、見せかけだけの時間外労働抑制に走ってしまうケースが案外多いのです。

また、時間外労働抑制の必要性は社員の健康管理という側面もあります。見せかけの、あるいは書類だけの抑制策にならないように注意すべきです。

時間外労働抑制の注意点

以下、時間外労働の抑制について注意すべきポイントを挙げます。

①タイムカードを押してからさらに作業させる

今どきこんなことを奨励する会社があるとは信じられないと思われるかもしれませんが、実例の中には必ず登場します。時間外労働はその実態の把握が重要ですが、タイムカードを先に押させるなどは最もやってはいけない策のひとつです。行政当局もこのような手法に目を光らせています。間違っても、上長から「タイムカードを押してから仕事しろ」など発言するのは絶対に禁物です。

②早朝は何時に来ても時間外労働と見なさない

以前は早朝出社については、午前5時よりも前でない限り問題とならなかったのですが、昨今はここにもメスが入るようになりました。

早朝でも業務開始時間よりも30分以上早く出社して仕事をしているようであれば、労基署調査において労働の有無が確認されるケースが多いということを考慮しなければなりません。地方では車両で通勤する例も多く、道路事情などを考慮して多少早めに出勤することを心がける人もいるようです。時間外労働とは、申請・承認があって始まるものですが、早朝となると非常に微妙でもあります。「勝手に来たのだから」では済まないのです。

一度全社員の出勤時間を調査し、毎日のように早めに来る社員については対策を練っておく必要があります。

③一定の累積時間にこだわりすぎる

36協定では主に月あたり、または年あたりの時間外労働時間を協定します。これらから、どの会社でも月あたりの時間外労働時間数を目安にする傾向があります。月45時間以内と定めたのであれば、これを超えることは慎むべきです。しかし、月あたりの労働時間数にこだわるあまり、それ以上の労働実績があった場合にもこれを認めず、労働者本人に申告させない会社も実在するようです。ひどい場合は、社員全員の年間の月あたり時間外労働時間がすべて45時間であったという笑い話もあるほどです。

ここでも重要なのは実態であって、見せかけの数字だけを取り繕うことは避けるべきであるということです。

④仕事が間に合わないのに時間外労働を認めない

仕事は生き物ですから、時として時間外労働が必要となる場面が必ずあります。時間外労働の抑制を考慮するあまり、業務のことを考えずに残業を認めないことはもちろんナンセンスです。そのことによってお客様に迷惑をかけることになってはいけません。仕事は結果が重要ですから、中途半端な作業のまま帰宅できないこともあるはずです。

もちろん毎日遅いようでは問題ですが、それこそ毎日定時で帰れるということであれば、作業量が少なすぎるということも考えられます。そこで36協定を結び、予備としての限定的な時間外労働を予定しておくことになります。

時間外労働は時に会社をつぶす原因になりかねない。
時間外労働を減らす際、見せかけだけの抑制策になってはならない。

03

絶対やってはいけない、不明確な運用の特別休暇制度

義務ではないが人事施策として有効な特別休暇制度

福利厚生の一環として様々な特別休暇制度を設定している会社が増えています。しかし、特別休暇は年次有給休暇とは違って、すべての会社が一定の制度を設けなければならないという性格のものではありません。したがって、中小企業の中には、特別休暇制度をまったく持たない会社も多々見受けられます。

しかし、現実問題として、「親が亡くなっても絶対に休めない」「結婚しても新婚旅行にも行けない」では、労働者の納得を得られないことでしょう。特別休暇は私生活上あり得る慶弔事が発生して会社を休まなくてはならないときでも、ただちに収入減などにならな

いように会社が配慮した制度です。このような目的に照らせば、なんら問題ないどころか、良い制度として胸を張れるものでもあります。

しかし、せっかくの特別休暇制度も、その運用が不明確であったり、事例ごとに異なる対応をしたりしていると、思わぬトラブルが発生することがあります。一般的に特別休暇は給与を支給する休暇ですから、明確なルールの下で運用しましょう。

ルールが明確な特別休暇の例

①本人が結婚したとき5日間

おめでたい話ですからどの会社でも結婚休暇はあるようです。しかし、表題の表現ではどの時点で休暇がとれるのかが明確ではありません。一般的に多いのは「入籍の日から１カ月以内、または挙式の前後２週間以内」などでしょう。ひどい例では、昨年結婚したときに特に休暇を申請しなかったのでその権利を１年後の今年行使したいといった申し出があるようです。しかし、会社にとっては、これでは事業の予定が立たないのは明白です。

さらに、5日以内の休暇は〝連続〟して取ることを条件とします。5日間の権利というだけでは、今月に3日とって来月は2日とるということが可能となってしまいます。

また、規定には「入籍または挙式が当社での在籍期間中の者に限る」とも記載しておきましょう。実際、中途入社者が前職の期間中に行った入籍について特別休暇を申請したという例があります。

②社員の妻が出産したとき2日間

女性社員が出産したときには法令で産前産後休暇などの規定の整備が必要ですから問題は少ないのですが、男性社員の妻が出産したときの規定の内容は会社によって非常に異なるものです。

本来は市区町村への出産届け出を意識していますから2日程度で十分であると思われます。これも「出産の事実から1週間以内に連続して取得する」くらいの記述は必要です。

③配偶者、子または父母が死亡したとき

日数については会社ごとに考慮されるべきですが、弔慰休暇については本人が喪主であるか否かによって日数を変えることが多いようです。喪主であれば事前の準備から事後の処理までの休暇が必要であることを配慮します。

「父母」についても、既婚者では血族と姻族とに分かれるわけですから、直系血族の場合の方が休暇日数を多くするのは当然です。最近では父母について同居であるか否かで日数を区分するケースがあります。

④他の休暇制度、休職制度との関係

「特別休暇は原則として他の休暇制度、休職制度の期間中には取得できない」と記載すべきです。たとえば、産前休暇期間中（通常は無給）に親が死亡したからといって３日間の特別休暇を申請した場合、これを認めると３日分の賃金の支給が必要となります。これは産前産後休暇制度の趣旨とも違和感があるものですし、非常に複雑な事務処理が必要となります。休暇期間に賃金が発生するようなシステムは避けるべきです。当然ながら、私傷病による休職期間中や育児休業期間でも同様のことが言えます。

さらに、年次有給休暇との併用も制限します。「原則として特別休暇と年次有給休暇は併せて取得できない」としておきます。５日間の結婚休暇に５日間の年次有給休暇を併せて取得すれば、完全週休２日制の会社では２週間の休暇が取れてしまいます。どうしてもという社員のためには、「特別休暇と年次有給休暇を併せて取得する場合には、別途会社の承認が必要」と記載しておきましょう。

特別休暇制度は社員への配慮として設けたほうがいい。ただし、取得には明確なルールを定めないと弊害も予想される。

04 絶対やってはいけない、期間の長すぎる休職制度

休職制度の意義とは

どの会社にも休職制度というものがあります。休職制度は私傷病や自己都合などで欠勤となった場合でも、一般的にはただちに退職というわけにもいかず、あらかじめ定められた期間などを経て退職とする制度です。

ところで、休職制度は特に労働基準法などで定められているわけではありません。仮にまったく休職制度がなくとも違法ではないのです。しかし、社員にとっては病気になったとたんに退職を意識しなければいけないのでは安心して仕事もできません。ほとんどの会社で休職制度を設けているのは当然のことと思われます。

昨今は精神疾患を理由に休職を申し出る者が増えています。もちろん精神疾患も病気の一種ですから、休職制度の対象に違いありません。しかし、他の身体的疾患と比較すると、病状の程度が第三者には明確に伝わりにくいことや、再発が頻繁にあることなど、意外にトラブルとなることが多いことを考慮に入れなければなりません。

休職期間について

①いつからが休職期間

通常は病気療養のための有給消化期間やその後の欠勤期間などを経て休職期間に突入します。当然にいつからが休職期間であるか明確でなくてはなりませんが、残念なことに明確でない会社もあるようです。

一般的に「欠勤が継続して1カ月となったとき」などの表現が多かったのですが、逆に解釈すれば、継続しなければいつまでも休職期間にはなりません。3週間欠勤しても2、3

日出勤すればまた休職期間前の欠勤期間は計算し直しとなるかもしれません。精神疾患などではありうることです。

したがって、継続して1カ月だけでなく、「月あたりの出勤日数が10日を下回るとき」「医師の診断書による療養期間が1カ月以上であるとき」などは、ただちに休職期間となることを追記しておくべきです。

さらに休職期間は欠勤の初日から計算が始まるのか、現に休職期間に突入することが決定した日から計算するのかについても明記しておくことをお勧めします。

経営者は当然に欠勤の初日からと思っており、労働者は休職が判定された日からと思っているものです。明確でないことがトラブルの原因となります。

②休職期間は1年間が限度

以前は休職を取得する社員が限定的であったために多少の余裕があり、他の社員でカバーできたものですが、精神疾患をはじめとして想定外に多くの社員が休職制度を利用することになると会社には負担が重くなります。シビアな表現にならざるを得ないのですが、最長でも休職期間は1年間くらいが限度ではないかと思われます。金融機関などでは別の意図もあって休職期間は最大3年間程度となっていますが、その他の産業ではやや短期化する傾向にあります。現実論として中小企業では代替要員の確保もままならないことが多く、1年以上の休職期間は相当な負担となります。

③休職期間は勤続年数によって異なる

休職期間は誰でも1年間取得できるものでもなく、勤続年数によって決定すべきです。入社1年未満の者に1年間の休職期間を与えることの方が違和感があります。

〈勤続年数〉	〈休職期間〉
●入社1年未満	なし
●1年～3年未満	3カ月
●3年～5年未満	4カ月
●5年～10年未満	6カ月
●10年以上	1年

④休職期間は分割があっても合算する

休職期間は分割されることがあります。一旦は復職できても再度休職となるケースもあるからです。この場合、以前では復職が１カ月～６カ月以上あれば休職期間は再度与えられることが多かったのですが、ここでも精神疾患の場合においてはなかなか対応しきれなくなります。結局、ときどき出勤すれば、その都度休職期間は永遠に継続されることとなってしまうからです。

現状を考慮すると、残念ながら「休職期間が分割された場合でも同様の疾患である場合には前後の期間は合算して休職期間の判定をする」などの表現が必要となります。

休職制度は法律で義務づけられていない制度。
きちんと社内で運用を明確化しておこう！

05 絶対やってはいけない、こんな年次有給休暇管理

年休を取得しない者を評価しない時代

現在、年次有給休暇の取得率向上について法で義務づけようとする動きがあります。我が国の年間労働総時間は、その所定労働の規制から１８００時間を割るはずなのですが、現実には多くの時間外労働がなされ、または年次有給休暇の取得が少ないことによって、実際は２０００時間前後であると言われています。

特に年次有給休暇の取得率において、わが国は先進国の中でも常に下位であるようです。よく言えば働き者が多いということになりますが、仕事を理由とする精神疾患者の増加などを考慮すると、年次有給休暇を取得しやすい環境づくりへ行政の指導は強化される見込

みです。

ほんの数年前までは、年間で１日も年次有給休暇を取得しない者を表彰する制度を持っている会社がありました。年次有給休暇を取らない者を優秀であると認識することからまず改めなければなりません。年次有給休暇はできれば取りやすい状況に改善します。

ただし、会社にも様々な業務の予定があります。事前申請を前提とし、業務の正常な運営を妨げるような場合の休暇取得時季変更権について勉強しておきましょう。

年次有給休暇管理のポイント

年次有給休暇の管理でポイントと思われる事例を以下に挙げます。

① 取得理由を問わない

年次有給休暇を取ることは労働者の権利ですから、その理由は問われないこととなっています。ただし、そうは言っても、急な風邪などの場合の事後の振り替えでない限り、取得は事前の申請が前提ですから、多くの会社で申請書に取得理由欄を設けているようです。しかし、この場合であっても、単に「旅行」「休養」「特になし」などの記載でも年次有給休暇の取得を咎めることはできません。

②事前申請を前提にする

年次有給休暇を取得する権利は誰にでもありますが、やはり事前の申請を前提とするべきです。急な私傷病（業務に起因しない病気やケガ）などで事後の申請となる場合には、限定的にそのことを就業規則などに記載しておきます。そもそも年次有給休暇は計画的に取得し、心身のリフレッシュなどに利することが趣旨であるからです。

③他の休業・休暇との併合は別途定めを置く

年次有給休暇と慶弔休暇、育児休暇、介護休暇などを併せて取得することについては微妙です。特別休暇はそれぞれの目的のためにその日数を吟味して付与します。これに年次有給休暇を併せればかなりの休暇期間となりますが、リフレッシュ休暇や長期休暇制度は別途考慮するとしても、「通常の特別休暇と年次有給休暇を併せて取得する場合には人事部の承認が必要となる」程度の定めは必要であると思われます。

④ 残日数を買い取らない

年次有給休暇の残日数は通常は2年の時効を経過したら消滅します。これを賃金換算して買い取る会社もあるようです。これをただちに法令違反とは言えませんが、好ましくないと思われます。年次有給休暇はリフレッシュが目的であるとすれば、買い取られることを期待するあまり、本来の目的であるリフレッシュよりも買い取りを選択する労働者が少なからず出ることが予想されます。また、買い取り制度があることは会社も休暇取得よりも買い取りを奨励しているというメッセージに受け取られかねません。買い取り制度がある場合はぜひ見直してください。

⑤ 退職時の全取得

退職時に年次有給休暇の全残日数を一度に取得することを咎める会社があります。それこそリフレッシュとは無縁な行為であり、労働者の権利を背景にしたわがままな主張に見えなくもないところです。しかし、最近の判断では、一度権利として付与した休暇についてはいつ取得することも自由であるとなっていますので、取得自体を制限することはできません。しかし、退職時の業務の引き継ぎなどについては、別途その義務を記載しておくべきです。

⑥ 時季変更権

会社は年次有給休暇の取得が「業務の正常な運営を妨げるおそれ」がある場合に限り、その取得時季について変更を申し入れることができます。数名しかいない経理の人員のほぼ全員が同時期に休暇の取得を申請した場合などが該当します。

年次有給休暇の取得は労働者の権利であり、時代の流れ。会社はなるべく取りやすい環境づくりを心がけよう!

06 絶対やってはいけない、名ばかり管理職

労基法の「管理監督者」と実際の管理職の違い

いわゆる「名ばかり管理職」はかなり昔からあった概念です。そもそも労働基準法でいう「管理監督者」と会社における「管理職」には相当なズレがあったのです。昭和50年代から訴訟が起こり、訴訟になった例ではほとんど労働者側が勝ち、会社側が敗訴となりました。「管理監督者」は自らが労働時間を制御できる立場であることから特に時間外割増賃金や休日出勤割増賃金の支給対象から外れるという考え方でした。訴訟の多くは「私は名ばかりの管理職であり、時間外割増賃金の支給を受けられるはずだ」という内容のものです。賃金請求権の時効は通常は2年ですから、多くは過去2年分の時間外割増賃金を請求

するものです。会社側は2年間なんの申し出も異論もなかった者から唐突に請求があるのですから納得はしません。

しかし、実態の争いになったときにほとんど労働者の主張が認められることが多いようです。特に「管理監督者とは経営者と一体となって業務を推進する者であること」と「管理監督者未満の者と比較して待遇面での優位性があること」の2点は解決しておくべき永遠の課題です。

間違えやすい「管理監督者」の処遇

管理者が労働基準法上の「管理監督者」として認められるべき処遇のポイントを以下に列挙します。

①経営者と一体的である

「管理監督者」の要件として、「経営者と一体となって業務を推進する者」という目安があります。「管理監督者」の中でも上位に位置する者については経営者と一体であると言える部分もあるでしょうが、１０００人以上在籍するような大会社で課長になったばかりの若年管理者が経営者と一体であるとは言い難いものです。これを四角四面に捉えれば「管理監督者」などほとんどいないことになってしまいます。

経営者と完全に一体となっているのは、役員くらいですが、ここではたとえば「経営会議に意見の具申ができる」「部下を評価する権限がある」「予算管理に関与する」など少しでも経営者層へのレベルへ近づける努力をしておくべきです。

②他の労働者より優遇措置がとられている

「管理監督者」と名指ししておきながら実際にはそれ未満の者より賃金額が低い例などがあります。これが「名ばかり管理職」と言われる例のひとつです。しかも「管理監督者」未満の者には時間外割増賃金が支給されることを配慮してもなお比較されますから、時間外手当が支給されなくなることにより、係長から課長に昇進すると一旦年収が減少するような会社や、課長クラスの多くが係長よりも賃金総額が少ないような実態の会社では勝ち目がないところです。これらは年収で比較されるものですから、せめて賞与などが合算されることを配慮して、「管理監督者」の多くがそれ未満の者より年収が多い状況をつくっておくことです。

③そもそもの時間外労働の抑制

「管理監督者」がそれ未満の者よりも賃金が低額であるはずがありません。問題は「管理監督者」未満の者に多額の時間外手当が支給されることによって逆転現象が起こることです。したがって、これからは思い切った時間外労働の抑制が必要です。過重労働問題も解決しますし、「管理監督者」層との賃金の逆転も発生しません。「管理監督者」に昇進すると年収が減るという陳腐な現象も起きなくなります。

「名ばかり管理職」訴訟はほとんどが企業の敗訴。法律的な「管理監督者」と認められるには様々な要件がある。

07 絶対やってはいけない、受け身の産業医面接指導

産業医の面接指導が必要な労働者とは

労働者の安全衛生面に関する法律である労働安全衛生法では、事業主に対して、長時間にわたる労働により疲労の蓄積した労働者に対する医師の面接指導を義務づけています。

この制度の趣旨は、脳・心臓疾患の発症を予防するため、長時間労働により疲労が蓄積した労働者に対して、医師が問診等を行うとともに、その結果を踏まえた就業上の措置を講じるものです。

面接指導義務のある労働者とは、次のすべての要件を満たした者です。

時間外労働・休日労働が月100時間を超え、疲労の蓄積が認められる者で、面接指導について申出をした者

面接指導制度においては、この他上述の法的要件に該当する者を除いて、次の状態に当てはまる者には、面接指導をするよう努めなければならないとされています。いわゆる努力義務です。

ア：時間外・休日労働が月80時間を超え、面接指導の申出をした者
イ：時間外・休日労働が月100時間を超える者
ウ：時間外・休日労働が2ないし6カ月の平均で月80時間を超える者

誤った面接指導対応

以下に産業医面接指導における誤った対応例を列挙します。

①申出があった者のみ面接指導を受けさせる

これは法的な対応として当然のことです。しかし、注意しなければならないのは、法律通りに運用すると、時間外労働等が月あたり１００時間を超えている人で、本人は疲れていると思っていても、本人が会社に「医師の面接指導を受けたい」という申出をしない限り、面接指導を受けさせる義務はないという制度であるという点です。

申出がなかったからといって、月あたりの時間外労働等が何カ月も１００時間前後であるような労働者を放置していいはずがありません。もし、倒れるようなことがあれば、労災認定される可能性が高いです。医師による面接指導では努力義務にすぎない前述のイ・ウですが、これは労災認定基準においては、業務と脳・心臓疾患の発症との関連性が強いと評価されます。

②面接指導の制度についてそもそも周知していない

これでは話になりません。そもそも労働者からの申出が要件の一つになっているにもかかわらず、制度について社内周知していなければ、申出できるわけがありません。

③面接してもらう医師を手配していない

この面接指導の制度は、今でこそすべての事業場が対象となっていますが、制度ができた当初は、常時50人以上の労働者を使用する事業場が対象でした。50人以上の労働者を使用する事業場では産業医の選任が義務づけられています。このような事業場では、労働者から申出があった場合、面接指導をする医師＝産業医という具合に、速やかに面接の準備ができます。

一方、50人未満の事業場では産業医の選任義務がありませんから、医師を探すところからということになるのです。

２０１５年12月から始まるストレスチェック制度も50人未満の事業場は対象外となりますが、50人以上の事業場がある会社では、事業場ごとに異なる対応をするわけにもいきませんから、結局はストレスチェック制度を実施することになります。これからは労務リスクを軽減するために、いろいろな場面で医師の意見を聴くことが予想されます。各事業場において相談できる医師を見つけておく必要があります。

「健康経営」の時代へ

過重労働による労災リスクの回避という観点で考えると、受け身の面接指導で会社を守ることはできません。また、これからは従業員の健康管理を経営的な視点で戦略的に実践する「健康経営」こそ、企業価値を高め、継続した事業の発展につながるものではないでしょうか。

会社が法律を上回る対応をすることは何ら問題ありません。努力義務レベルの従業員も面接指導の対象者とする等、積極的な対応が必要です。

従業員の健康管理は「義務」という受け身の姿勢ではなく、経営的観点から「戦略」と位置づけるべきである。

08

絶対やってはいけない、こんなメンタルヘルスケア

メンタルヘルスケアは会社が取り組むべき重要なテーマ

近年精神疾患者が増加しており、事業に影響が出るほどの会社も出てきました。その一方で、それほどの疾患者発生が見られない会社があるのも事実です。精神疾患者の発生率が増加すれば会社の雰囲気が悪くなり、それがまた新たな疾患者を呼ぶ悪循環があるようです。

厚生労働省でも、メンタルヘルスケアに関する様々な指針などを発表し、企業にも予防策や改善策を立てるよう呼びかけているところです。もちろん会社や人事部は医療機関ではないので治療行為はできませんが、ケアについての注意は統一的なものが必要であると思

われます。

反面、会社としてせっかくメンタルヘルスケアを心がける姿勢を打ち出したものの、手法がまったく誤っており、逆効果になってしまうこともあるはずです。ここは真摯に現状を見つめ直し、特にやってはいけないメンタルヘルケアを全員で理解することにします。

もちろん、精神疾患は会社だけが理由ではありません。時には複合的な原因で疾患に陥る人もいるはずです。しかしながら、会社が理由で発生する疾患をできる限り減らす努力をしましょう。

メンタルヘルケアの重要ポイント

以下に企業におけるメンタルヘルスケアに関して、重要なポイントを列挙します。

①励ますことが良いこととは限らない

精神疾患者は遅刻や欠勤が多くなったりします。中には出勤途上で気分が悪くなり、そのまま引き返してしまうこともあるようです。電車やバス、あるいは自分で運転する車両などで通勤することが多いでしょうから、安全な状態とは言えません。精神疾患者が復職することを可とする場合、一人で安全に通勤できることを一番に挙げる専門家はたくさんいます。

疾患も初期の頃は見た目に変化がなく、勤務状況だけが悪くなることがあります。このとき、ただやる気がなくなったのではないかと誤解し、「明日はなにがなんでも出社しろ」「もっとがんばれ」など、悪気はないのですが励まし過ぎる傾向があるようです。しかし、精神疾患者に限れば、励ますことが逆効果になることが知られています。励まされたことを苦に自殺に走る人もいるようです。

② こちらから休職を言い渡してはいけない

辛くなれば誰でも会社を休むことを考えます。医師も当初は治療として自宅療養などを勧めることが多いようです。医師が言い渡す分には問題ないのですが、人事部や経営者などがうかつに「そんなに辛いなら休んだら」などと発言することは厳に慎みましょう。大きな阻害感を受けて、さらに病状が悪化することが多いようです。精神疾患に限れば、我々素人では治療行為は絶対にできないと自覚しておくことです。

③自身も疾患者にならないように気をつける

厚生労働省では、管理監督者や人事部の者にラインによるケアを勧めています。しかも、あらゆる段階のケアの中でも一番有効なケアであると言われています。「職場の上長は職場環境の改善に努め、精神疾患者と思われる者について、その相談に適切に応じなければならない」とされています。

しかし、一方では「むやみに励まさない」「阻害感を与えない」とも言われているのですから、なかなか難しい対処となります。そこで相談担当者が悩むケースも出てきて、相談担当者自身が精神疾患になってしまうという悪循環を見たことがあります。

相談担当者は治療ができないことについては割り切って、相手の話を極力聴くことに専念しましょう。このとき励ますことも必要ないわけですから、ひたすら相手の話に耳を傾け、話をさえぎらず、発言を促すという手法に徹底しましょう。特に答えや結論を必要としないのです。それは医師の仕事だということにして、自身が疾患者にならない努力が必要です。

メンタルヘルスケアは歴史の新しい問題。
素人対応は却って事態を悪化させる可能性もある！

09
絶対やってはいけない、こんなストレスチェック

実施者と実施事務従事者

２０１５年12月から始まるストレスチェックを実施する義務は事業主にありますが、医師等でない事業主は直接ストレスチェックを実施することはできません。そこで、ストレスチェック制度では、「実施者」と「実施事務従事者」という役割が定められています。

〈実施者〉医師、保健師または一定の研修を修了した看護師、もしくは精神保健福祉士であって、ストレスチェックを実施する者をいいます。

〈実施事務従事者〉実施者のほか、実施者の指示により、ストレスチェックの実施の事務

（個人ごとの調査票の回収やデータ入力、結果の出力または結果の保存（事業者に指名された場合に限る）等）に携わる者をいいます。

結果は本人同意がなければ会社に提供されない

ストレスチェックを実施した後、その結果については、受けた従業員に対して実施者が直接通知し、本人の同意がある場合に限り、事業主に結果の情報が提供される仕組みになっています。ストレスチェックを受ける義務がないため、その結果の取扱についても一般の定期健康診断とは異なることに注意しましょう。

人事権がない人事担当者は、実施事務従事者に選任できる

ストレスチェックの実施にあたり、社内で担当部門を決め、責任者や担当者の選任が必

要になりますが、人事権のある監督的立場にある人は、ストレスチェックの実施事務（健康情報を扱う事務）に従事することができません。実施計画や実施管理に携わることは可能ですが、結果の内容がわかる事務には関与できないということです。これは結果を理由として不利益な取扱いが行われないよう、解雇、昇進、または異動に関して直接に権限のある者は、実施事務に従事できないとする規定によるものです。

なお、人事権がない人事担当者であれば、実施事務従事者に選任することができます。実施の事務のなかには、質問票の回収や結果の集計等の事務がありますから、実施事務従事者に選任された人事担当者は、結果がわかるということになります。

ここで注意すべきは、実施事務従事者として行う事務は、実施者の指示のもとに行う事務であるということです。つまり、人事担当者であり、実施事務従事者でもある人は、人事部門の上司から結果の内容について質問されても、うっかり答えてはいけないのです。ストレスチェックの事務に携わる者は、法による守秘義務を負うことを忘れてはなりません。

逆に言えば、人事部門の上司であっても、実施事務従事者に選任されている人事担当者に対して、ストレスチェックの結果について問い合わせてしてはならないということです。

結果の保存（結果の提供先により異なる）

そして、ストレスチェックの結果の保存については、本人の同意の有無により取扱いが異なります。従業員が事業主への結果提供に同意した場合は、事業主に保存義務が生じ、5年間保存しなければなりません。反対に、同意がない場合は実施者が結果を保有することになりますが、この場合は5年間の保存が望ましいという扱いになり、保存義務までは生じません（図表1）。

実際問題として、従業員の全員が結果の提供について同意することは考えられません。そうなると同意の有無により、事業主や実施者が分割して結果を保存することになりますが、これも実務的にはありえません。

実施者の保管が困難な場合は、実施事務従事者が保管者に

実施者が結果を保有する場合は、実施者が5年保存することが望ましいとされています

図表１　ストレスチェック検査の保存

労働者が同意し、事業主に結果が提供された場合	➡	事業主が５年間保存（義務）
労働者が同意せず、実施者が結果を保有する場合	➡	実施者が５年間保存（望ましい）、事業主は必要な措置（義務）

が、それでは実施者が一括して結果を保存してくれるのでしょうか。保存スペースやセキュリティの点で十分とは言えない場合が多いのではないでしょうか。

そこで、実施者による保管が困難な場合は、事業主が実施事務従事者の中から保存担当者を指名することができるとされています。こうなるとみなさんのご想像通り、人事担当者である実施事務従事者を指名することになるのです。

この場合の注意点は、ストレスチェック結果の扱いと同様に、実施事務従事者として結果の保管を行っていることを忘れてはなりません。人事部門の責任者であっても結果の閲覧をすることはできないのです。

また、事業主以外が結果を保存している場合、保存場所の指定や保存期間の設定、セキュリティの確保等、保存に必要な措置は事業主に義務があることに注意しましょう。

2015年12月から始まるストレスチェック制度は診断結果について定期健康診断とは異なる細心の対応が必要！

10 絶対やってはいけない、ストレスチェックへの誤った理解

ストレスチェックを受けない者は懲戒処分にできる？

２０１５年12月から、常時50人以上の労働者を使用する事業場では、年１回、定期的に「ストレスチェック」を行うことが義務化されています。

このストレスチェック制度とは、調査票を使用したストレスチェックの実施、その結果に基づく医師による面接指導、面接指導結果に基づく就業上の措置、ストレスチェック結果の部や課ごとの集計・分析など一連の取組みをいいます。

年１回定期的に実施するということから、身体の健康診断と同じようにメンタルの健康診断が義務化されると誤解されやすいのですが、その目的がまったく異なることに注意し

図表２　一般定期健康診断とストレスチェック制度の比較

	一般定期健康診断	ストレスチェック
実施義務	事業主の義務 （事業場の規模関係なく）	事業主の義務 （50人以上の事業場）
対象労働者	常時使用する労働者＊1	常時使用する労働者＊1
労働者の受診・受検義務	義務あり	義務なし
結果を通知する者	事業主が通知する	事業主が実施者＊2から通知させる
会社の受診等結果の取得	取得	本人の同意がある場合、面接指導の申出がある場合

＊1　以下の①②のいずれにも該当する者を含む
①期間の定めのない者（有期でも１年以上使用されている者や見込みのある者）
②週の労働時間が通常の労働者の４分の３以上

＊2　ストレスチェックを実施する者
医師、保健師、一定要件での看護士または精神保健福祉士

なければなりません。

定期健康診断は疾病の早期発見を目的としたものですが、ストレスチェックはその前段階である疾病の発症を未然に防ぐ「一次予防」を目的としたものです。国が示すメンタルヘルスケア対策としては、４つのケア（セルフケア、ラインケア、産業保健スタッフによるケア、事業場外資源によるケア）が挙げられていますが、ストレスチェック制度はまさに従業員一人ひとりによるセルフケアの充実を図る制度なのです。

このような制度の趣旨から、ストレスチェック制度では、事業主に実施義務があるものの、従業員には検査を受ける義務はありません（図表２）。

一方、定期健康診断は、疾病の早期発見を目的とした制度ですから、事業場の規模に関係なく事業主に実施義務があるほか、従業員にも受診義務があります。事業主の実施義務に対して罰則があることや、従業員に受診義務があることから、就業規則において受診しない従業員に対する懲戒処分規定を設けている企業があります。実際の懲戒処分の有無や有効性の判断はさておき、一定の抑止効果は期待できます。

注意すべきは、ストレスチェック制度では、受けない者を懲戒処分の対象とできないことです。法律上、そもそも受ける義務がないのですから、これを懲戒処分とすることなどできないわけです。ストレスチェックを受けることを従業員に強制できないことや、受けなかったことを理由に不利益な取扱い（人事異動、雇止め、解雇等）をすることが禁止されていることに注意しましょう。

禁止されている不利益取扱い

ストレスチェック制度に関して、不利益な取扱いが禁止されている事項を確認しておきましょう。労働者の次の行為に対する不利益取扱いは禁止されています。

①医師による面接指導を申し出たことを理由とする不利益取扱い
②ストレスチェック結果のみを理由とする不利益取扱い
③ストレスチェックを受けないことを理由とする不利益取扱い
④ストレスチェック結果を事業主に提供することに同意しないことを理由とする不利益取扱い
⑤医師による面接指導の対象者でありながら申出を行わないことを理由とする不利益取扱い
⑥就業上の措置にあたり、法令上求められる手順に従わずに不利益な取扱いをすること
⑦就業上の措置にあたり、法令上求められる要件を満たさない内容の不利益な取扱いをすること
⑧面接指導の結果を理由として、解雇、雇止め、退職勧奨、配置転換、職位の変更を行うこと

なお、不利益な取扱いの理由が、前記に掲げる理由以外のものであっても、実質的にこれらに該当するとみなされる場合は、禁止される不利益取扱いとなります。

ストレスチェックは事業者に実施が義務づけられるが、従業員は検査を受ける義務がない。

第3章

職場のコミュニケーション編

01 絶対やってはいけない、こんな報・連・相

報・連・相がうまくいかない原因は部下ではなく管理職

報・連・相（報告・連絡・相談）の重要性についてはそれぞれの専門書で解説されているところです。新入社員として入ってくる現在の若者は、おしなべて報・連・相が下手であると言われています。実際、複数の会社で管理職研修に携わると、「私の部下は報・連・相ができない」という悩みをたくさん聞きます。中には「もう報・連・相はいらない」と言い切るコンサルタントまで出てくる始末です。

結論を急げば、仕事において報・連・相は最も重要なことであり、報・連・相がうまくいかない理由は管理職に問題があるケースが多々ある、という指摘になります。

報告のルールを定める

まず部下からの報告の仕方について、一定のルールを決めなければなりません。

①悪いことは早めに報告する

誰しも悪いことを報告するのは辛いものです。しかし、会社はクラブ活動でも趣味の集いでもありません。仕事とは、悪いことの改善を先にするものです。

したがって、部下に対しては失敗を抱え込まないように指導しましょう。中には取り返しのつかない失敗があるかもしれません。しかし、悪い状況を先延ばしにして良いことはまずありません。報告が早ければ対処できたことが遅れたために解決できなくなってしまうことはままあるものです。

②簡潔に報告する

状況をだらだらと説明してはいけません。結論を先に言うように訓練します。特に電話での会話では短めに結論を伝えることを強く要求します。

「朝から得意先に行ったのですが、なかなか部長が出てこられず、仕方なく課長と話をしていたのです」

「そこで以前からの依頼事項を伝えたのですが、課長は詳細まではご存知ではなかったようで」

「私も今一度依頼事項を説明しようと考えましたが、ちょうどお昼時にかかってしまい……」

「結局、部長にお会いできずに帰ってきました」

これは私自身が経験した電話での報告事項をそのまま掲載したものです。電話では経過ではなくまず初めに結論が知りたいのです。

③ 感情は後にする

「大変なことになりました」が口癖の部下がいました。どのくらい大変なのかの判断は報告を受けた上長がするのであって、余計な感情は邪魔なだけです。

④長期間の作業では中間報告をさせる

仕事によっては期間が1週間か、1カ月か、あるいはもっとかかることもあるでしょう。報告は最後の最後で良いと思っている部下もいるようですが、もちろんそんなわけがありません。長期的な作業では中間報告が絶対に重要です。

⑤まずは事実を報告する

部下からの報告を受けていて一番わかりにくいのは、その内容が、事実なのか、希望的観測なのか、憶測なのか、を判断できないことです。報告者にはまず事実だけを報告させます。その後に希望なり憶測なりを報告させるべきです。

連絡はスピード感を持たせる

報告は一般的に部下が上長に対して行うものですが、連絡はお客様や他部門の社員、時には役員などにも行います。たとえば、朝早く出社したら他部門宛ての電話を取ったような場面で、当該部門の者に伝えることを連絡といいます。連絡はスピード感が重要です。「早く言ってよ」となるケースがあるものです。

また、「情報の共有」という意味を込めて社員全員に伝えるのも連絡です。伸びている会社は連絡がスムーズです。連絡を遠慮してはいけませんし、遠慮しなければならないようなムードがある会社になってもいけません。「〈自分がやらなくても〉誰かが連絡するだろう」という気分も絶対に打破すべきです。

迷ったらまず相談させる

自分では判断しかねるときに相手の意見を求める行為が相談です。ここでは会社内での相談に特化して考えます。

相談は、判断に悩んだり、迷ったりしているはずですから早めに行動することを取り決めておきます。特に新入社員である間はわからないことがたくさんありますから、「迷う前に相談しなさい」と言っておくべきです。

さらに、相談するからには「自分はこう思うのですが」という態度が必要です。「どうして良いかわからないからすべて上長の意思に従う」では決して上達しません。

報・連・相をしやすい上長になる

上長は往々にして「報・連・相が少ない、的確でない」と部下を叱りがちです。しかし、「そもそもあなた自身が報・連・相がしやすい上長ですか」と問いたいケースも多々あります。「忙しいときは来るな」などという態度をとったり、雰囲気を醸し出したことはありませんか。時にはオープン・クエスチョンで部下に話しかけていますか。

報・連・相（報告・連絡・相談）は仕事のコミュニケーションの原理原則。部下だけでなく上長も円滑な報・連・相を心がけよう！

02

絶対やってはいけない、挨拶のない職場

挨拶は会社のコミュニケーションの基本

「コミュニケーションの基本は〝挨拶〟から」というのは以前からよく言われている格言です。

ゆとり世代以降、あるいは少子化による一人っ子世代などでは、見ていてあきれてしまうほど挨拶ができていないのが現状です。最近は家庭や学校などでも挨拶について注意されることもない子供が増えているようです。したがって、若い人が挨拶ができないことへの対応について、すべて会社に責任があるとはとても思えないところです。

しかし、会社では挨拶は必須のコミュニケーション・ツールです。挨拶ができない人を

できないままにしておくわけにはいきません。新入社員研修、管理職研修など、あらゆる教育訓練の場で挨拶について指導するべきです。

朝の「おはようございます」が最も重要

当然ながら一番重要なのが、朝の挨拶です。「おはようございます」が基本です。できる限り大きな声で、しかも相手の顔を見て言う努力が必要です。「おはようございます」という声がけに対して下を向いたまま生返事をされたのでは、先に挨拶をした人も不愉快な気分になります。テレビで小学校の校長先生が毎朝校門で生徒を「おはよう」と出迎える光景を見たことがあります。非常に清々しいものでした。

管理職ともなれば、朝の挨拶をするときの声の大きさなどで部下の体調を窺《うかが》うくらいの姿勢がほしいものです。「部下をよく見ていない」などと平気で口外する管理職は論外です。部下とのコミュニケーションは、観察と挨拶から始まるのです。

電話を通じての見えない相手とのコンタクトも挨拶から始まります。会社に電話をかけると、非常に感じが良い対応をされるケースと、その反対になんだか不愉快になるケースとに分かれます。そもそも社名を名乗る前に、「はい、もしもし」などと電話に出るのは言語道断です。当社ではまず「ありがとうございます」または「お電話ありがとうございます」と告げてから社名を言うように指導しています。朝のうちであれば「おはようございます」も有効だと思います。ほんの少しの心がけが気持ちの良い会話に、ひいては好調な業績につながるはずです。

帰社の時点では先に帰る人は残業している人に対して、「お先に失礼します」と言うべきでしょう。残っている人は「お疲れ様」と言うのが一般的です。最近では「疲れる」という言葉がネガティブな印象を持つので別の表現を奨励する傾向もあるようです。声をかけるという行為が重要なのであって、その意味ではそれほど気にしなくても良いような気がします。

先日某社では夕刻に社員から上長に蚊の鳴くような声で電話がかかってきて、「すみません。間違えて1時間早く帰ってしまいました」という事件がありました。厳しい会社では遅刻すると理由を追及されますが、どうしたら間違えて1時間早く帰れるのか不思議です。挨拶もなく帰ったに違いないのです。お先にと声をかければ「どうして」という会話が必ずあったことでしょう。極端な例ではありますが、挨拶は事故や事件の発生を防ぐ役目もあるのです。

挨拶をどのようにして会社に定着させるか

人事部では全社の挨拶について、次の点に留意して教育訓練を実施しましょう。

①朝の挨拶

社員同士はもとより、来社する人すべてに対して大きな声で「おはようございます」と声をかけることとします。郵便配達でも宅配業者でも飛び込みの営業の人でも同様です。朝の一定の時刻まではすべての人に「おはようございます」と言ってみましょう。

②電話の出方

統一的な出方を決めます。「ありがとうございます」をお勧めしたいところですが、会社ごとに、あるいは部署ごとに決めるのでも良いでしょう。全社員の意識を挨拶へ着目させることが必要です。

③ 帰社時の挨拶

別の項でも指摘しましたが、過重労働防止の観点からも先に帰る者が後ろ髪をひかれるような職場になってはいけません。

挨拶は会社のコミュニケーションの基本中の基本。元気な挨拶が飛び交う職場が業績の好調に直結する！

03 絶対やってはいけない、こんな業務管理

質問力でわかる、管理職の能力

前項のように会社ではコミュニケーションの一環としての報・連・相が絶対に必要ですし、改善すべき項目です。

さらに、管理者の教育訓練に必須な要素として部下への質問力があります。

管理者は部下を観察しなければなりません。観察して問題があればこれを是正しなければなりません。実は問題が起きてからでは遅いケースも多数あります。

そのため、管理職には部下を観察すると同時に、質問力で問題の発生を未然に防ぐ努力が必要です。部下に対しては常時話しかけなくてはいけません。話しかける方法にも工夫

が必要です。

①クローズド・クエスチョン

「はい」または「いいえ」、あるいは「1番」「2番」など単純な択一で答えられる質問をクローズド・クエスチョンといいます。

「元気ですか?」という質問には、よほど具合が悪い場合を除いて、誰でも通常は「はい」と答えるものです。また、仕事の場面でも「大丈夫?」という問いかけに対して、誰もが「はい」と答えるはずです。ですから、挨拶となんら変わらない程度の問いかけになってしまう可能性もあります。これらはすべてクローズド・クエスチョンです。

本当に心配している内容については、「大丈夫?」ではなく、具体的な答えを求めた方が良いのかもしれません。

②オープン・クエスチョン

①のクローズド・クエスチョンに対して、単純に「はい」「いいえ」では答えられない質問方法をオープン・クエスチョンといいます。

たとえば、期限のある書類の完成が心配であれば、「大丈夫?」ではなくて、「何時頃完成しますか?」と聞くと、誰も「はい」とは答えません。

「3時頃になります」

「それでは間に合わないかもしれないので私も手伝います」

と会話が続きます。

どうやら仕事の場面では、オープン・クエスチョンを多用することが多くなるようです。

管理職は部下への質問はクローズド・クエスチョンとオープン・クエスチョンを使い分けて実施することが必要です。

③ 一定の答えを誘導しない

重要な課題の場面ではオープン・クエスチョンを多用しますが、「こう答えなさい」という意思があると部下はそのことだけに慣れてしまって、うまく答える手法だけを上達させてしまいます。

管理職は部下の答えを誘導してはいけないのです。部下もこう答えておけば安全だと思わないようにすべきで、機会があればそこまで話をしておくのも一考なのです。

部下とのコミュニケーションは質問力が一番影響します。クローズド・クエスチョンでは済まないときに、こう答えなさいという質問でもいけないとすれば、オープン・クエスチョンで自由な発言を部下に求めるということにつながります。

④ **時には否定しない**

こちらが上長であれば部下の理解力が気になることもあります。「そんなことも知らないのか」という感情です。軌道修正は必要ですから「次からはこうやりなさい」は当然の指導です。しかし、これが続くと部下は質問から逃げるようになります。また、自分からは質問をしなくなります。

時には一切の否定をせず、相手の話を聴く姿勢も重要です。

質問力は、管理者が問題を未然に防ぐための重要なスキルの1つ。クローズド・クエスチョンとオープン・クエスチョンを使い分けよう!

第4章

ハラスメント編

01 絶対やってはいけない、こんなノルマ管理

先進国で目標管理制度で評価しているのは日本だけ？

先進国で目標管理制度をメインシステムとして社員を評価している国はもはや日本だけではないかと言われています。「どのくらい売ったらどのくらい評価されるか」という考え方は正しいようで微妙な問題を含んでいます。

我が国では、多くの会社が年功序列の賃金システムから脱却しようと成果主義を導入した歴史があります。しかし残念ながら、その当時はあたかも歩合給制度のように「売ってなんぼ」という風潮が横行してしまいました。数々のトラブルも起きました。

たとえば、一旦大きな目標に到達してしまえばその後数年は遊んでいても一定以上の収

入が確保できるというシステムを作ってしまった会社がありました。しかも、売上が出庫基準であったため、クライアントに無理を言って、出庫だけを期限内に実施し、請求は後ほどでも構わないといった裏ワザまで登場しました。

営業マンは目先の売り上げをなんとしても達成しようと努力します。これがかえってサービスの質を落とし、信頼を損なう結果になった会社は多かったはずです。

1人あたり900万円のボーナスを支給？

そもそも売上高だけに特化した目標管理制度では、営業マンの勝手な値下げやバーゲンを頻発しても一定の売上高を確保できるわけで、先ほどの出庫ベースであった欠点なども露見し、経営陣は慌てます。

そこで営業利益や課税前利益を重視した制度を併用するのですが、経理部の経験者でない限り、内容が複雑でわかりにくくなっていくばかりです。実際にあった話ですが、ある中小企業では、課税前利益の20％を決算賞与に回すという約束で1人当たり900万円の賞与を支給することになりそうになった例がありました。数字のパズルをつくってはいけません。

かといって今さら年功給へ回帰することもままならず、次善の策として目標管理制度を継続することになります。そして、営業部門のみならず、管理部門や製造部門でも導入可能とばかりに研究を進めることになります。

行き過ぎたノルマ管理になりやすい人事制度の例

目標管理制度の問題点については別項で指摘しますが、ここでは営業部門を中心に行き過ぎたノルマ管理となりやすい人事制度について列挙します。

①達成できないノルマを課す

確かに数十年前にはモーレツ社員が尊敬され、寝る時間も惜しんで仕事をする者が評価されるという時代がありました。達成できないほどのノルマを与えられ、社内を走り回っている社員がいました。しかし、冷静に考えれば、達成できないノルマを与えるなど、ナンセンスと言うほかありません。

②ノルマはすべてトップダウン

本来の目標管理はトップダウンの要素がある程度必要です。社員を気遣うあまり、ノルマ数値を社員に１００％委ねてしまってはいけません。しかし、すべてがトップダウンとなると、やる気をなくしてしまう社員が出てくるのは当然です。社員からアイデアが出ない会社に明るい未来があるわけがありません。社員からは多くのアイデアや意見を出させましょう。すべてが押しつけでは制度は成り立たないのです。

③売上高増大だけのノルマはいけない

高度経済成長期の昭和30年代は猛烈なインフレを経験し、なりゆきで予算を売上高だけで組むことが多くなりました。しかし、単に売上高を増大させるだけでは会社は成り立たないことは誰でもわかっています。

④利益追求主義にも限界がある

売上高だけで評価できないとすれば、利益額で評価することになりますが、成熟していない部門では「前年度の3倍の利益確保」となったり、反対に半分以下となったり、極端な例では赤字となったりします。非常に不安定な要素の数字を用いた評価制度もまた不安定なものとなります。

⑤そもそもノルマ管理はいらない

評価がノルマ管理で良いわけがないのです。評価とは個々の役割を重視し行動や努力やプロセスなども見なければならないのです。

営業のノルマ管理の行き過ぎはかえって逆効果。目標設定は社員が関与できる余地を作って実効が上がるようにする！

02
絶対やってはいけない、機能しない相談窓口

相談窓口の役割は？

ハラスメントを初期の段階で防止したいと、人事担当者であれば誰しも思うところです。しかしながら、事件が発覚したときは時すでに遅し、被害者は訴訟も辞さないという段階であり、実際に加害者と併せて会社をも訴えるというケースが多いものです。

セクシュアルハラスメントでも、その他のハラスメントでも、現在は社内に相談窓口の設置が義務づけられていますから、いきなり訴訟事件となる前に相談窓口で相談ができていれば、事前の解決も可能であったかもしれません。そもそも相談窓口はそのために存在するものです。

ひどいケースでは、相談窓口に相談したものの、「なにもしてくれなかった」「あなたにも非があると言われた」「この程度ならセクハラとは言えないと言われた」など、相談窓口がまったく機能せず、かえって問題を大きくしてしまったこともあるようです。

相談窓口が機能するためのポイント

各種ハラスメントを中心に、メンタルヘルスケア、社員個人情報など、これからの社員管理の中で相談窓口の存在は非常に重要なものとなります。相談窓口が機能するためのポイントを以下に挙げます。

①セクシュアルハラスメント相談窓口担当者は女性に限る

各種ハラスメント相談窓口の相談担当者は、会社の事情を大体把握している人が向いています。したがって、新入社員ではなく、入社後数年を経過している社員がいいでしょう。中小企業であれば、名前を聞けばその人物のことがわかる程度の社歴があった方が良いと思われます。その意味では、人事・総務部門の社員が担当することが多いようです。ただし、セクシュアルハラスメント相談窓口に限れば、女性が被害者であることが圧倒的に多いこと、相談内容を男性に説明しづらいことを考慮すると、やはり女性が担当することが望ましいでしょう。

②相談窓口は結論を出さなくとも良い

相談窓口担当者の教育に絶対欠かせない事項としては、当初の相談行為では「答えや結論を要求してはいない」ということを知っていただくことが挙げられます。

担当者として真摯に対応しなければと思うあまりに、「セクハラではないと思う」「加害者を訴えましょう」などと発言してしまうこともあるようです。

しかし、精神疾患患者には、「明日からはもっと頑張れ」「会社を休んだ方がいい」などのアドバイスがかえって逆効果になる場合もあります。

「特に答えを出さなくとも良い」という姿勢で相談を受けていただくことが大切です。

相談窓口担当者の精神疾患の発症も問題になっているところです。

③相手の意見を遮らず、最後まで聴く

相談担当者は相談者の意見をなるべく全部聴きます。できれば「他に気になることはありませんか」と言葉を促すくらいで良いのです。このときにも、こちらからは結論めいたことは言いません。メモをとるなどして話を聴く姿勢を保つことで、相談者の安心と信頼を得ることができます。

④相談は放置しない

かつては「俺の腹に収めておく」と言うのが良い上司であると錯覚したものです。わざわざ相談に来たほどなのですから、「この件は委員会に上げます」「直ちに部長に連絡します」くらいの言葉を残して相談者に納得していただきます。

⑤被害者以外も相談して良い

これも勘違いがあるようですが、ハラスメントは被害者本人だけでなく、これを目撃した社員にも相談する権利と義務があります。規定にこのことを記載しておくと良いでしょう。

⑥ハラスメント以外の相談窓口

セクシュアルハラスメント（セクハラ）やパワーハラスメント（パワハラ）、最近ではモラルハラスメント（モラハラ）、マタニティハラスメント（マタハラ）など、様々な呼び名でハラスメントという行為が許されざる行為であることが意識されつつあります。一番の解決策は相談窓口を充実させることであると断言できます。

ハラスメントの他にもメンタルヘルスケア、社員の個人情報、変形労働採用者・裁量労働採用者などのための相談窓口設置も求められるところです。注意事項は実は大差がないものと思われます。

各種ハラスメントの相談窓口の設置は今や義務。担当者が対応を誤ると会社が訴えられる可能性もある！

03 絶対やってはいけない、こんな部下の叱り方

叱ることを恐れてはいけないが、叱り方にも注意する

会社経営の中でハラスメントと呼ばれる行為は絶対に避けなければなりません。昨今ではセクシュアルハラスメントに加えて、パワーハラスメント、モラルハラスメント、さらに女性の出産に関してのマタニティハラスメントなどが追及され、会社の存続さえ脅かす重大なテーマとなりつつあります。

しかしながら、セクシュアルハラスメントを怖がるあまりに、女性に絶対に話しかけようとしない上長や、パワーハラスメントと言われるのを避けるために部下を叱責しない管理職などが増加しているようです。

他の章でも重ねて述べますが、これからは部下を観察評価しなければなりません。話しかけないのは問題外、むしろ積極的に部下とコミュニケーションをとり、行動に問題のある部下がいたら軌道修正を試みることが管理職の努めです。ですから、時には部下を叱らなければなりません。しかし、その叱り方には注意が要ります。

①大声で叱らない

ハラスメントの訴訟の中で最も多い原因が「大声で叱られた」というものです。叱っているのですからどうしても声が大きくなりがちです。しかし、これからは部下を叱るときには、極力声のトーンを落としましょう。

また、大声を出すと部下は委縮するばかりで話の内容が余計に伝わらなくなるものです。管理職研修などでも、「挨拶は大きな声で」「叱るときは小さな声で」を繰り返し指導すべきです。

②叱るときは適度に距離をとる

褒めるときやミーティングのときは良いのですが、叱るときは相手と一定の距離をとりましょう。これは物理的な距離のことです。

裁判例では「殴られた」と言う部下の訴えに対して、「絶対に殴ってなんかいない」という上長の答えが多いのです。「もしかしたら指が触れたかもしれない」「いやツバがかかった」などと、ばかばかしい議論が展開されます。しかし、叱られる者は多少なりとも怯えていますから、上司の指が触れただけでも殴られたと実感するのです。叱るときは心持ち離れることによって、これを回避しましょう。

③叱るときはゆっくりと

大声と同様、人は叱るとき早口になりがちです。叱るとは、わかってもらって改善するために行うことです。早口で聞き取れないようなことではいけません。

会社を辞めてもらうような場合には叱ってはいけません。逆に叱ることが必要な人は戦力としてあきらめてはいないことを普段から説明しておきます。

④目線は水平に保つ

デスクに呼びつけて叱るときでも、叱る者が座っていて相手を立たせたままというスタイルは良くありません。長時間になれば、相手は「長い時間立たされた」と思うようです。他の者から見える位置でも立たせたまま叱ることは望ましくありません。人によってはプライドが保てないようです。

反対に、座っている者を立った位置から叱るのも問題です。「見下された」という感覚になるそうです。ほんのちょっとした努力ですが、目線を水平に保つというのはハラスメントを避ける意味からは重要な心がけと言えます。

⑤権限にないことまで言わない

叱っている最中についつい、「やる気がないなら明日から来るな」などと言ってしまう気持ちは理解できるところです。以前であれば叱られるようなことをした者が悪いと言えたのですが、現在では権限を超えた人事権に関する言動はすべてハラスメントととられる危険性があります。もちろん「ここから飛び降りろ」「できるまでは帰るな」なども権限外発言となります。

⑥必ずハッピーエンドで終らせる

どんなときでも叱ったままで話を終了してはいけません。「明日までに直しておいてください」などと宿題にするか、「以前はうまく行ったのだから、きっとできるよ」とハッピーエンドを心がけることをお勧めします。

現実には、つい「ばかものが！」などの言葉で終了してしまうことが多いようです。

部下を叱ることも時には絶対必要。
しかし、後々問題となるような叱り方をしてはいけない！

04 絶対やってはいけない、無意味なセクハラ研修

セクハラ訴訟を減らすために心がけること

セクシュアルハラスメントの概念は、男女雇用機会均等法に明記されています。そもそもこの対応が正しかったかどうかも検証する必要があります。それは先進諸国からは冷ややかな目で見られている傾向があるからです。毎年の人権報告書では「日本はセクハラが横行」と書かれる始末です。残念ながらセクハラだけをとれば、日本は後進国と評価されていることを認めざるを得ないのです。

会社内でのセクハラ事件ともなると、残念では済みません。会社内でのセクハラでは被害者の多くは、加害者はもとより弁済能力の高い会社も同時に訴えます。

会社には、法令によってセクハラを未然に防止し、瞬時に対応する責務があります。会社内でのセクハラ訴訟は減少していません。もう一度社内の対策について検討すべきです。以下は、セクハラ研修で気をつけるべきポイントです。

①セクハラの概念を広義に解釈する

「セクシュアルハラスメント」はすでに法律用語です。社内規則では、以前のように「公序良俗に反する行為」のような曖昧な表現を避け、明確に「セクシュアルハラスメント」と記載すべきです。

また、セクハラは、言動、行動、噂の流布、写真の公開などのような方法によって罰せられることを社員教育などで全社員に周知する必要があります。

中には触っていなければ良いなどと、勝手な基準を持っている社員もいるようです。

②セクハラを断じて許さない旨の記載・発表

会社として社内でのセクハラは決して容認しない、厳重に罰する旨の発表が必要です。また就業規則などへの記載も義務づけられています。これらを怠る会社ではなんと経営者や役員がセクハラの加害者となる傾向があります。

市区町村長や議員でも権力の中にセクハラは容認されているかのような勘違いをしている人々がいるようです。

③ 職場内とは会社の敷地のことではない

男女雇用機会均等法では、「職場内、およびこれに準じた場所」などという表現があるために、酒場や乗り物の中でのセクハラは関係がないと思っている人もいるようです。

しかし、この場合の職場とは、もう少し広い意味で捉えなくてはなりません。会社や工場の敷地内は当然のこと、移動中のタクシーの中、酒場、カラオケ、出張中のホテル内などもすべて職場に準じた場所と意識するべきです。

④ 女性だけが被害者ではない

男女雇用機会均等法の改正によって、セクハラは女性だけが被害者とは限らなくなりました。最大に配慮されるべきは女性なのでしょうが、女性から男性へ、あるいは男性同士、女性同士のセクハラもあり得ることになりました。

⑤継続的な教育訓練を

海外、特にアジア諸国へ出向や出張する場合もセクハラに厳重に注意します。今でも「日本人をセクハラで訴えれば金になる」という国があるからです。

また、日本で起きたセクハラ事件は瞬時に海外に配信されます。アジア諸国ではできれば「女性がサービスをする飲食店へは行かない」くらいの配慮でちょうど良いのかもしれません。社員への教育訓練は継続的に実施すべきです。アジア諸国へ仕事で赴任する場合には、特にマニュアルなどを示して教育することをお勧めします。

セクハラは今や法律用語なので厳格に対処すべし。
海外でのセクハラは日本や会社の評判を一気に悪くする！

05 絶対やってはいけない、無意味なパワハラ研修

40年前の日本はパワハラだらけだった

パワーハラスメントについては、どの会社でも心配の種となっているようです。

40年前であれば、多くの会社でパワハラが横行していたと思われます。「モーレツ社員」と呼ばれていた者がエリートとして尊重され、会社のためには苦情など絶対に言わず、ただひたすら会社の利益のために貢献することを目指しました。過大なノルマを与えられ、達成できなければ激励でなく強い叱責が待っています。部長は机を叩きながら命令を下します。夜は毎晩のように居酒屋で指導されながら深酒につき合わされるのです。今なら、これらは全部パワハラであると言えます。

行き過ぎたパワハラ対策は会社を弱くする

現在は、様々な事件を経験して、また諸外国の例を参考に、ようやくパワハラは罪悪であることを国として認め始めたところであると言えます。そうなると今度は極端にパワハラを敬遠し過ぎるきらいが発生します。社員の多くが上司に対して「それはパワハラです」と発言したりします。パワハラで裁判となり、精神疾患の原因に挙げられ、労災認定まで出るようになりました。

当然ながら、会社はパワハラの発生を極力抑えたくなります。すると「部下には話しかけない」「部下の顔色をいつも窺う」「部下が失敗しても咎めない」など、およそ本来の労務管理とはかけ離れた、誤った指導をすることがあるようです。

以下、パワハラ対応で注意すべきポイントを挙げます。

①職務上の適切な指導はパワハラではない

仕事上・職務上の適正な指導であれば、ときには叱責してもパワハラとなることはあり得ません。部下の誤りを是正しないことの方が問題です。

特に安全衛生で問題のある行動や、それこそハラスメントに類する行為については強い指導が必要な場合が必ずあるものです。社員にもまずはここを理解してもらいましょう。

②権限にない発言はパワハラになりやすい

「明日から来なくていい」「ここから飛び降りろ」「やる気がないなら辞めろ」などは社長でも言ってはいけない言葉です。これらを多用するような者はパワハラの加害者となりやすいのです。

③プライベートな部分はパワハラになりやすい

仕事に関連することは原則としてパワハラではないと思いたいところです。もちろん大声を出して机を叩くなどの行為は仕事の上のことであっても慎むべき行動であります。

これに対してプライベートな部分での言動はパワハラになりやすいので厳重な注意が必要です。「今日は徹底的に酒につきあえ」「明日のゴルフでは車の運転をしろ」「引越しの手伝いに来てくれ」などはパワハラととられやすいことは言うまでもありません。

④特定の1人だけを無視しない

学校のいじめと言われる行為で最も多い手法は、特定の1人だけを無視することだと言われます。1人だけ業務メールを送らない、1人だけ雑用ばかりさせる、1人だけ業務命令をしないなどの行為は意外に多いようです。逆に1人だけを常時酒に誘うなどプライベートがからむところでもパワハラになりやすいことがあるので注意しましょう。

⑤時には適切な叱責を

パワハラを恐れるあまり、部下との接触を避けるような行為は本末転倒です。上司はできる限り部下を観察します。当然、必要なときには叱責することが求められます。仕事上の叱責であればパワハラにはなり得ないことを研修では徹底的に指導します。

⑥叱責での注意点

仕事上の叱責であればパワハラにはなり得ないと言いましたが、実際にはパワハラととられる場合もあります。叱責する場合は、次の点に注意しましょう。

(ア) 大声を出す

相手が怯えるほどの大声は禁物です。

(イ) 立たせたまま叱る

こちらが着席している状態で、相手を長時間立たせたままで叱責をしないことです。

(ウ) 近づき過ぎない

褒めるようなときはそばに寄っても良いでしょうが、叱るときは心持ち相手との距離を保ちます。

(エ) 全員の前では叱らない

状況にもよるでしょうが、衆目の前で叱るとパワハラと指摘されることがあります。

40年前は当たり前だったことが今ではパワハラになる。
しかし、過敏になりすぎて部下を叱ることを恐れては本末転倒！

第5章

非正規雇用者編

01

絶対やってはいけない、労働契約の自動更新

5年を超えたら無期労働契約へ移行しなくてはならない

労働契約法が大きく改正され、有期労働契約に対する考え方に修正が必要となりました。労働契約についてはかなり自由化が先行し、どの会社でも長ければ数十年もの期間にわたって有期労働者として勤務させることが可能でした。労働者の側でも責任の比較的軽い有期労働契約を好む傾向の人々がいたことは確かです。

しかし、結局は総合的に人件費が安く、不安定な職群を生み出すこととなり、強い反省の下に同一の事業主と同一人物の雇用契約について5年を超えて締結する場合には、労働者からの申し出により期間の定めのない雇用（無期労働契約）への移行を強制するシステ

ムが導入されたところです。

そもそも有期労働契約といえど、文書による労働契約書か、労働条件通知書を発行しなければならないのは当然のことです。しかし、これらの発行書類の内容に不備のある会社が多いようです。特に有期労働契約では当該契約の更新の有無について明確に記載する必要があります。

有期労働契約の注意点

厚生労働省の契約書見本では次のような記載があるようですが、注意が必要です。

①当該契約は自動で更新される

有期労働契約が自動で更新されてはなりません。

「契約満了の30日前までに労使双方から特段の申し出がない場合には、この契約は次年の1年間自動で更新されるものとする」

一見すると問題がないように判断されそうですが、契約が自動で更新されるということは更新を期待しうる契約内容と判断され、たとえ満了時の終了通告であっても雇止めではなく、解雇と捉えられたケースが何回もあります。

こうなると有期労働の意味はほとんどないことにもなります。自動更新は労働契約ではあり得ない表現と言えます。

②更新する場合があり得る

厚生労働省の契約書見本には必ずこの表現があります。人事に携わった者であれば、このような不明確な表現は絶対避けるべきであると理解できることでしょう。わざわざトラブルを呼び込むような表現は避けるべきです。

③更新はしない

更新をしないつもりであれば、この記載で良いと思われます。しかし、有期労働の多くでは「更新しないことが前提であっても良い人であればもう1年やってもらいたい」という経営者の意図があるものです。更新はしないと記載しておいて、もう1年更新することに異議を唱えない者も多いでしょうが、更新をしない契約であったのに更新を申し出た経営者を訴えたケースまであります。非常にナンセンスな事例ではありますが、更新することが想定される場合には使用してはいけない表現です。

④原則として更新しない

これらを包括して配慮すれば、「当該契約は原則として更新しない」という表現しか通用しないことになります。一回の有期労働契約期間は３年間まで認められます。60歳以上の者との契約や専門的業務に従事する者との契約期間は５年間まで認められます。しかし、１年間を更新する方式が最も良いと思われます。

⑤５年を超える有期労働

５年を超えて有期労働契約を更新するとその契約期間内に労働者からは期間の定めのない雇用への移行を申し出ることができます。経営者にはこれを拒否したり選択する権利はありません。したがって、有期労働者の雇用期間は５年間だけとする方針を固めた会社もあります。または人手不足の折から期間の定めのない雇用への移行を容認する方針の会社、有期労働契約をすべて見直して全員が期間の定めのない雇用としてしまった会社さえあります。

これからも労働力不足の傾向は続きますので、どの会社でも有期労働のあり方について検討を重ねておかなければなりません。

有期労働契約は法改正によって無期労働契約への移行が促進される。労働力確保という意味でも検討が必要！

02 絶対やってはいけない、契約期間満了間際の雇止め

増加が予想される非正規社員の労働トラブル

今後は有期労働者について5年を超えて雇用することは実質上なくなります。有期労働者は期間の定めのない雇用へ移行するか、５年以内に雇止めをすることが考えられます。今までであっても期間満了の雇止めはトラブルが多かったものです。更新するか否かについて明確でなかった例、前項のように自動的に更新すると記載されているにもかかわらず更新しなかった例、さらには本人が更新を希望したにもかかわらず更新しなかった例などではかなりの確率でトラブルとなっています。

労働契約でトラブルに見舞われてはいけません。しかし、経営者の一部が「いつでも解

除できるから有期労働契約」などと慢心していると失敗します。これからは有期労働契約をはじめ、非正規社員全般のあり方について、会社ごとに対策を練っておくことが必要です。

絶対やってはいけない雇止め時の対応

有期労働者はいつか契約を解除するのが前提です。契約期間の途中で解除すれば、それは解雇を意味しますから、解雇が有効となる理由が必要となります。また、期間満了時の契約解除であれば、本来は雇止めとなり、解雇とはまったく異なる対応が可能なはずです。たとえば、解雇予告手当の支給などは必要ないことになります。しかし、ほんの少しの配慮が不足したために雇止めの通告が無効になるような事態も多いものです。

以下、絶対にやってはいけない雇止め時の対応について解説します。

①有期労働は1年以内

一回の有期労働契約はそもそも1年以内と定められていました。3年間あるいは5年間の有期労働が認められるようになって10数年が経過しました。しかし、どの会社でも1年以内の契約がほとんどです。必要であれば1年を数回更新します。それは1回の契約期間が長期になればなるほどトラブルとなりやすいことを人事は知っているからです。今後も1年以内の有期労働契約を強くお勧めします。

60歳以降の再雇用契約も有期労働への移行と捉えるべきです。高齢者再雇用では65歳までの雇用は原則として約束されたものであると言えますが、労働契約としては1年間を更新して65歳まで雇用するものです。

②契約期間途中では解約しない

労働契約期間の途中で経営側から解除を申し出れば一般的には解雇ということになります。労働者の責めに帰すべき重大な問題があった場合には重責解雇となり解雇が無効となることはあり得ないのですが、思ったよりも本人の能力が足りないとか、勤務態度に多少の問題があるなどでは解雇できないということを、経営陣には強く理解してもらうことが必要です。

さらに、解雇予告手当なども通常は「平均賃金の30日分以上」と定められていますが、有期労働契約では「解雇以後の残期間分」と判定されることもありますから注意が必要です。これは年俸制契約などでも言えることです。期間の定めがある雇用契約がすべて経営側の有利になるとは限らないのです。

③ 雇止め通告は30日以上前に

契約期間満了時の解約は雇止めですから有効であると思われます。しかし、これもトラブルとなり得ます。まず「更新はしない」場合であっても、「原則として更新しない」場合であっても、契約期間満了時で解約をするときには期間満了の30日以上前には通告することをお勧めします。たとえ1年契約の1年目であっても同様です。契約後1年を超えている場合や3回以上更新している場合は、法的に30日以上前の通告は必要となります。

有期契約社員の契約更新時のトラブルは増える傾向に。
特に雇止めする場合は慎重な対応が必要！

03 絶対やってはいけない、正社員安泰制度

増え続ける非正規社員の割合

有期労働者、派遣労働者、パートタイム労働者の制度が大きく改正された理由の一番は、待遇格差の是正にあることは間違いありません。労働諸法令が自由化に傾いた平成10年頃を境に、いわゆる非正規社員の比率がどの産業でも飛躍的に増大しました。

非正規社員の比率が特に高いのは外食産業やサービス産業です。中には大手でも社員の94％程度が非正規社員という極端な例が発生しています。その後の派遣法の改正では製造業でも非正規社員採用が増えました。非正規社員の増加がただちに悪いことではないのですが、非正規社員の多くが不安定な雇用形態の上に労働条件が低いことが多く、雇用格差

を生み出したとの反省がなされたものと思われます。

人事や経営陣も行き過ぎた格差是正には積極的に取り組むことが求められます。数は多くはないと思われますが「正社員になってしまえば後は安泰でろくに仕事も覚えない」といったことがあってはいけません。会社によっては「仕事ができるのは非正規社員で、賃金が高いのは正社員」といった誤った構図に陥ってしまったケースも散見されます。

正社員と非正規社員の格差是正に対して注意すべきポイント

以下は正社員と非正規社員の格差是正に対して注意すべきポイントです。

①福利厚生では差をつけない

非正規社員をすべて正社員にするのは難しいことです。会社には人件費予算もあります。また、労働者側にも「自由に働きたい」あるいは「家庭の事情があって」などの意識のもとに自主的に非正規社員での採用を望むことがあるようです。非正規社員の待遇がやや低くなるのは致し方のないところです。

パートタイム労働法は「同一労働・同一賃金」をうたっていますが、責任の所在などでの格差は認めています。たとえば、有期労働者には原則として退職金制度は適用しないなどは雇用の実態からは正当な差であると言えます。

その中でも絶対に差をつけてはいけないものとして、福利厚生が挙げられます。そもそもの賃金が低額となりやすいのに食事補助が正社員だけに適用されるような例を見たことがあります。

- 食事手当や食事補助の制度
- 慶弔見舞金の額
- 通勤手当の制度

以上のような日常的にあり得る制度については、正社員と非正規社員との格差は本来なじまないものと思われます。

これに対して休職制度や特別休暇のあり方は非正規社員の多くが有期労働であることを

考えると、一定の差が生じることはむしろ自然であると言えるかもしれません。

②安全衛生教育では差をつけない

製造現場や倉庫、販売店などでは一定の安全衛生教育が必要となります。これからの会社運営では「経営者の安全配慮義務」を問われる場面が非常に多くなることが予想されます。誰が考えても非正規社員はケガをしても良いとは思わないでしょう。安全衛生教育訓練などでは正社員と非正規社員との差をつけることはないようにします。

③正社員登用制度の創設

非正規社員として入社した者であっても成績が優秀であるか、本人の希望がある場合には正社員登用制度があることは労働者の大きな励みになるはずです。せっかく制度があっても実際には誰一人非正規社員から正社員になれなかったということでは効果は半減です。

④「正社員＝安泰」ではない

どのような雇用形態であっても人は評価され褒められたり、諌められたりしながら成長するものです。「正社員にさえなってしまえば後は安泰である」ということでは進歩が望めません。正社員と非正規社員が混在する限り、すべての労働者が同等の評価を受ける制度の構築が必須です。

雇用において非正規社員の割合はますます高まっている。
正社員と非正規社員の格差に対しても極力減らす方向で考える！

04

絶対やってはいけない、意味のない派遣社員の部署異動

２０１５年派遣法改正のポイント

２０１５年９月30日に改正派遣法が施行されました。

今回の改正の趣旨を一言でいうと、以前よりも「派遣」という形態が派遣先にとって利用しやすくなったということでしょうか。その他、悪質な派遣事業者には派遣業界から退場してもらいたいという目論見もあります。

派遣制限期間の基準が「業務」から「個人単位」「事業所単位」に

もともと「派遣」という形態は、臨時的なものであるという認識から、正社員の雇用を脅かさない範囲で継続して受け入れることができるルールが設けられていました。

①従来は「業務」を基準とした派遣期間制限

従来は、「業務」を基準に派遣制限期間が設けられていました。今回の改正で撤廃された、いわゆる「専門26業務」については、専門的な知識や技能等を必要とする業務であり、正社員の業務とは異なり、専門スキルを有しているという点で手厚い保護はさほど必要ないとの観点から、派遣期間の制限がありませんでした。

この専門26業務以外は、原則１年、最長３年の期間が派遣期間の上限として設けられていました。これは一人３年という意味ではなく、組織の最小単位における同一業務について、派遣という形態を受け入れる期間が上限３年という意味です。

なります。

②改正後は「個人単位」と「事業所単位」で派遣期間制限

〈事業所単位〉

派遣先の同一の事業所において、派遣労働者を継続して受け入れる期間は3年が上限となります。

ただし、派遣元において無期雇用者として雇用されている派遣労働者（派遣元において有期契約でない者）は対象外となります。

3年の起算は、施行日以降に最初に締結する派遣契約から起算します。また、一つの事業所において、異なる受入れ日で複数の派遣労働者を受け入れている場合は、施行日以後に最初に受け入れた派遣労働者を基準に、事業所単位の期間制限を管理することになります。

この扱いには、延長制度が設けられており、派遣労働者の受入れから3年が経過するまでに、過半数労働組合等から意見を聴取した場合は、3年を限度に延長することができます。その後も同様の扱いで延長できます。これは意見聴取ですから、過半数労働組合等の合意は不要です。

この延長手続きを行っている限りは、派遣労働者を受け入れ続けることができるのです。

この点、派遣労働者を受け入れやすくなったと言えます。

〈個人単位〉

派遣先の同一の組織単位において、同一の派遣労働者を継続して受け入れる期間は3年が上限となります。

ただし、派遣元において無期雇用者（派遣元において有期契約でない者）として雇用されている派遣労働者は対象外となります。

ここでいう組織単位とは、労働者の配置の区分であって、配置された労働者の業務の遂行を指揮命令する職務上の地位にある者が当該労働者の業務の配分に関して直接の権限を有するものとして厚生労働省令で定める組織をいいます。一般的な組織では「課」をイメージしているようです。

個人単位の起算は、改正法の施行日以後に締結される派遣契約から適用されます。また、個人単位の3年は、派遣会社を問わず、特定の個人を基準に3年を判断します。

個人単位の3年は、組織単位の上限となりますから、課を異動すれば3年を超えてその派遣労働者を受け入れることができます。

これまで専門26業務に従事し、派遣期間の制限のなかった派遣労働者も3年が上限となりますから、業務の運営体制等について検討しておく必要があります。

事業所単位と個人単位の実務

事業所単位で派遣を受け入れられる期間の上限は3年となります。ですから、事業所単位の3年の延長手続きをしなければ、各派遣労働者を受け入れることができないことに注意しましょう。

また、個人単位の3年については、組織を異動すれば3年を超えて受け入れることができます。しかし、一人の派遣労働者を3年を超えて受け入れるために、会社がわざわざ他の組織を派遣先として契約するでしょうか。人事課で3年の上限になった派遣労働者について、人事課で派遣として受け入れ続けるために、一定期間だけ経理課で派遣契約を締結するとは考えられません。これこそ、意味のない派遣労働者の異動です。

最もやってはいけない運用としては、派遣契約だけ派遣先の組織を変更して契約を締結し、実際は元の組織で業務に従事させるというものです。これは悪質な脱法行為です。
このように改正派遣法は、派遣労働者を受け入れやすくなった半面、一人の派遣労働者を同じ組織単位で長く受け入れることができなくなりました。優秀で業務に慣れた人材だから直接雇用するという選択肢を選んだ場合、まず有期契約からとなれば、労働契約法の5年超契約の無期転換制度も視野に入れて、雇用管理制度を整備しておく必要があります。

派遣法改正は派遣先企業にとって利用しやすくなる側面がある。その一方で、業務の運営体制の見直しも必須。

05 絶対やってはいけない、パートタイマーの社会保険加入要件の独自解釈

あらゆる労働者が社会保険に入る時代へ

従前であればパートタイマーは社会保険に加入しないというのが定則でした。ところが、このような基準はまったく存在しなくなり、すべての労働者はその労働時間によって社会保険の適用を受けるか否かが決定されます。フルタイムに近ければ、当然にすべての社会保険への加入が義務づけられるようになりました。

短時間労働であるために社会保険に加入できない労働者の範囲とは、事業所ごとに一般的な他の労働者より労働時間が短く、おおむね4分の3未満の者です。これも2016年10月からは週あたりの労働時間が20時間未満の者に変更となる予定です。

今後は行政も政府もほとんどの労働者が社会保険に加入することを目指している傾向なので、会社の人事部としても前向きに取り組む必要があります。

■パートタイム労働者でよくある誤った認識

パートタイム労働者への対応でよくある誤った認識を以下に列挙します。

①パートタイマーは社会保険に加入しない

経営者の中には、社会保険とは一家の大黒柱である男子が加入するものであり、妻や子はその扶養者であるのだから加入しないのが普通であると思っている方もいるようです。男女雇用機会均等法が制定されて相当な時間が経過しましたが、残念ながら経営陣がこのような考え方をお持ちのため、トラブルとなるケースが後を絶たないのが現実です。

また、パートタイム労働者側でも「夫の扶養の範囲で働きたい」という漠然とした希望を持っていることが多く、この点では労使の利害が一致してしまうため、法令違反であるにもかかわらず見過ごされてしまうことが多々あります。

　パートタイマーなど労働時間の短い者については、週あたりの労働時間、または週あたりの出勤日について通常の勤務の者の４分の３未満であるときには加入できないことになります。これらの判断も実態を重視しますので、所定労働時間だけ４分の３未満に合わせておけば良いというものではありません。

②平成28年10月からは20時間

　社会保険加入の目安は２０１６年10月からは「週あたりの労働時間が20時間未満の者は加入できない」という内容に変更になります。ただし、従業員５０１人以上のいわゆる大企業から適用され、その他の規模の企業では逐次適用していくことになります。仮に５０１人未満であっても、今後のことを考慮すれば、準備しておくに越したことはありません。週あたり20時間という基準は雇用保険の適用と同様となり、今後は雇用保険に加入して社会保険に加入しないという者はほとんどいなくなる予定です。

③再雇用高齢者も同様

60歳後の定年を機に、再雇用契約を実施する会社がほとんどです。生年月日にもよりますが、65歳までの間に老齢厚生年金を受給することになれば、「在職老齢年金」となり、一定の減額を伴った年金受給額となります。

これを避けるためには社会保険を資格喪失して標準報酬月額がない状態にします。退職すればもちろん資格を喪失しますが、在職したまま資格喪失するためには勤務時間を他の労働者の4分の3（2016年からは20時間）未満にすることが考えられます。社会保険の被保険者でなくなれば年金は減額されず満額支給されることになります。しかし、ここでもあくまでも実態が優先されますから、年金の受給のためだけに虚偽の申請をすることは絶対に避けましょう。

パートタイム労働者について誤った理解・対応をしている経営者は依然多い！

06 絶対やってはいけない、かたちだけの請負契約

偽装請負と労働の違い

商取引とは、売買以外はそのほとんどが請負業務です。窓が壊れたから直してもらう場合も、新しい社内業務ソフトを開発してもらう場合も、弁護士に書類の作成を依頼する場合も、業務委託・業務請負ということになります。

請負が「偽装請負」と言われる一番の理由は「指揮命令権が誰にあるか」ということになります。窓の修理も、弁護士の書類作成も、委託された側が主導権を持って仕事をして完成した場合に請求書を発行することになります。しかし、修理の手順などについて委託側がすべてを指導することになると、業務委託ではなく労働ということになります。これ

を業務委託契約のまま実施すれば、「偽装請負」ということになりかねません。大手企業でも歴史的には行政から何度も改善命令が出ているものです。

偽装請負とならないために

偽装請負かどうかが問われる際のポイントを以下に列挙します。

①派遣型偽装請負

指揮命令が委託先に移行しても問題とならないものとして、派遣労働契約が挙げられます。派遣労働とは、そもそも派遣元の登録社員を派遣先が預かり派遣先の指揮命令の下で労働を提供するものです。一方、請負契約では決して指揮命令権が移転しません。名ばかりで実態は派遣労働であると指摘される例が一番多いようです。

②疑似個人事業主型偽装請負

元社員を労働者から請負契約に変更することは至難の業であると覚悟した方が良いです。実態が請負契約ではなく、まさに社員であると指摘される例です。一般的には請負契約者がタイムカードを押すわけがありません。端末や備品を自由に使用できるのも社員だからこその特権です。もし、業務請負者が使用することを許すならば、使用料などの取り決めも必要でしょう。社員ならば当然に受けられる福利厚生などについても注意が必要です。社員でない請負契約者に制度としての食事の補助などはしないはずです。社員旅行にも行きません。時間で請求するのもおかしいです。疑似個人事業主型偽装請負と言われないためには、社員ではないと明確に言える要素を用意しておくことです。

個人事業主であることが認められなくなると、税務の方面ばかりでなく、労災適用のことや社会保険の控除のことなどまで、改善命令が出ることがあります。

③責任者不在型偽装請負

数人が来社して作業する場合においても、そこに責任者が不在であるために結局は業務委託側が指揮をしてしまうようなケースです。大手企業が指摘されたのは、これらのケースです。請負であれば指揮命令を実施するべき責任者が巡回するか、規模によっては常駐する必要があります。

④混在型偽装請負

ひとつのラインなどに社員、派遣社員、請負業者などが混在するような場合も、全体を労働者として扱うよう指導がありました。これを受けて運送会社などでも請負契約であることを明確にするために、ラインの途中からを完全請負に変更し、衝立を用意して他社の社員をシャットアウトするシステムを構築した会社もあります。

偽装請負の問題は古くて新しい問題。
業務請負か労働かのポイントは指揮命令権の有無！

第6章

退職・解雇編

01 絶対言ってはいけない、「おまえなんかクビだ」

社長といえど、解雇権を濫用することはできない

さすがに人事系部署の方の中で、「おまえなんか、クビだ」と発言する人はほぼいないと思いますが、テレビドラマなどで頻繁に出てくる言葉ではあります。多くは社長や役員など経営陣の発言です。50年前であれば経営者には解雇権があると信じられていたのです。社長の意見に逆らえば即刻クビになるというのも嘘ではありません。70歳以上の経営者などには、自分の解雇権の存在について疑っていない人もいるのです。

しかし、結論から言えば、社長と言えども個人に解雇権などありません。たとえ犯罪行為者であっても、社員を解雇するには懲罰委員会を開催し、本人に弁明の機会を与え、時

には解雇予告手当の支給を伴ってやっと解雇できるのです。しかし、解雇予告手当を支給すれば解雇できるというものでもありません。近年次々と改正される労働諸法令は「労働者を解雇する場合においては、社会通念上妥当と認められるものの他は解雇権を濫用したものとみなして無効とする」という概念からはずれることはありません。

経営者や人事が言ってはならないNGワード

それでも解雇が有効なことはもちろんあります。有効となるための方策については別の項に譲るとして、ここでは経営者や人事の方々が口にしてはいけない、しかし口にしやすい危ない言葉について解説をします。

①「おまえなんかクビだ」

今や常識的にはあり得ない言葉だと思っていただけるところですが、問題社員であっても話し合いの中で一度でも経営陣からこの言葉が発せられた場合、圧倒的に会社側が不利になります。普段から口癖のように言ってしまうのもいけません。

②「死ぬ気でやれ」

誰が考えてもこれは比喩であり、本気で「死んでしまえ」と言っているわけではないとわかるのですが、トラブルがあって労使関係が崩れたような場面では「〝死ね〟と言われました」ですべてが終わりです。言葉は不思議な一人歩きをします。精神疾患の疑いのある社員に対しては絶対に言ってはいけない言葉です。

③「黙って言われたことだけやれ」

人間は周囲から認められたい生き物です。特に会社のような生産性を重視し、評価を伴う社会ではなおさらです。「私は上司に認められていない」は評価制度の再構築時のインタビューで社員から一番よく聞かされる言葉です。経営者や人事担当者は「あなたに期待している」と言わなければなりません。相手を認めていれば「言われたことだけやれ」という表現にはならないはずです。

④「どっちでも良い」

部下が真剣に複数の案を考えて、どちらが良いのか悩んだあげくに相談しに来た際、つい「どっちでも良い」と答えてしまったことはありませんか。仕事では本来、誰に対しても主体性を持って答えを出すべきです。つまり、部下が選択に困っているのであれば、実はどっちでも良いと思っていても、何らかの結論を言ってあげるべきなのです。そして、助言した後に部下に一言「ありがとう」とお礼を言うことが非常に有効です。

何気ない一言が法的に重大な意味を持ったり、従業員のモチベーションを著しく下げてしまうことがある！

02

絶対やってはいけない、退職意思表示者の慰留

無理な慰留はかえって逆効果になる？

本当は微妙な問題なのですが、あえて表題のようなことを提案します。私どもの長年にわたる人事部的対応の中で、退職を想定していない社員からの退職意思表示ほど辛いものはありません。せっかく採用し、仲間としての認識が深まった上に戦力としても期待している者からの退職願いは簡単に受理できるものではありません。反対に戦力としてはあきらめた者から退職願いが出ないことが多いのは不思議な法則です。

さて、正式に退職の意思表示が出た者をどう引き留めようかというのは、人事的な立場にある者、あるいは上長の悩みの種でもあります。もちろんケースバイケースであること

は百も承知で結論づけさせていただけるのであれば、当社では退職意思表示者を引き留めません。もちろん、重要な業務をお願いしていた社員については引き継ぎなどの実務について協力してもらい、退職時期などの相談は慎重にすべきです。しかし、退職の意思そのものの撤回を求めることには無理があると考えています。

退職予定者からの初めの相談が「退職も視野に入れている」程度であれば、人によっては継続して勤めることを勧めることはありますが、「退職したい」という意思がすでに明確である場合やすでに退職願や退職届を用意しているような場合、次の勤め先が決定しているような場合、執拗な慰留が逆効果となることを嫌と言うほど経験しているからです。人事としては無力感を禁じ得ませんが、やってはいけない人事政策の一番手に挙げても良いほど、退職意思表示者の慰留には注意が必要なのです。

■退職意思表示者に関する注意事項

以下に退職意思表示者への対応で問題となるポイントをお伝えします。

①賃金額の不満

賃金とは会社とそこで働く従業員の歴史でもあります。何回もの評価を重ねて現在の賃金額があるのが普通です。もちろん、大満足している者などいるわけがないのですが、よほどのひずみがない限り、賃金額の不満を理由に退職したい従業員を引き留めるのは避けましょう。間違っても臨時の賃上げなどに同意してはいけません。一時的にはそれで済んでも、上げてもらえなかった他の従業員たちの不満が噴出するかもしれません。翌年はもっと上げるように迫ることもあります。評価制度などに問題点があれば、これは修正した方が良いでしょうが、賃金額の不満を口にする従業員は引き留めないに越したことはないのです。

②人間関係の不満

自分の上長が好きでないことを退職理由にする従業員がいます。しかし、そんなことで辞めるのなら会社がいくつあっても頻繁に転職しなければなりません。確かに上長は選べませんが、これを退職理由にするのはあまりにもナンセンスです。明らかなハラスメントが認められる場合などを除いて、人間関係の不満を解消する手段はないのです。一人にだけ配慮しての部署異動などはもっての他です。

③家族の介護

このところ親をはじめ家族を介護するために会社を辞めてしまうことが社会問題となっています。会社としても非常に残念なケースですが、家族の介護が理由ならば引き留めようがありません。強く引き留められないために介護を理由にする者もいるのかもしれませんが、とにかく家族の介護が理由であればあきらめなければならないでしょう。

④退職意思表示者の慰留の問題点

長い人事の歴史の中では慰留に成功したこともあります。しかし、退職について一度でも口にした従業員は、多くの例でいつかは辞めていきます。2度目はもっと不満が募っているかもしれません。賃金額の増額であればまた言ってくることもあります。周囲の冷たい視線を感じていることもあります。本人の希望による配置転換があったのであれば、また同様な希望を聞かなければならないのでしょうか。

労働者も同様に安易な退職の意思表示をしてはいけません。「引き留めてくれなかった」

などと言い出す者もいるのです。

退職の意思を表明した社員は無理に引き止めない。
賃金アップなどの待遇面が理由であればなおさらである！

03

絶対やってはいけない、ローパフォーマーの放置

ローパフォーマーとは

「ローパフォーマー」(Low Performer) という言葉をお聞きになられたことがあると思います。

労働力人口が減少し、右肩上がりの成長が見込めない経済環境では、会社にはシビアなコスト管理が求められます。

能力が著しく不足する社員、パフォーマンスが著しく劣る社員のことを、近年では「ローパフォーマー」とか「ぶら下がり社員」などと呼んでいます。

20年前であれば、会社もローパフォーマーを雇用し続ける余裕がありました。周囲の社

員にもローパフォーマーをカバーする精神的な余裕があり、仕事をしない（できない）社員であっても、会社や他の社員に支えられて雇用が継続されていたのです。

しかし、今は限られた人材で、利益を確保しなければなりません。ローパフォーマー対策は、会社の重要な課題となりつつあります。デキる社員は、ローパフォーマーへの不適切対応を見ているのです。

ローパフォーマーに対する社員の不満とは

以下はローパフォーマーに対する社員の不満の例です。

❶部門要員としてカウントはされるが、任せられる業務が限られるため、他のメンバーの負担が重くなる

❷常に周囲の社員がカバーしなければならない

❸何とかしてほしいが、個人攻撃のようで上司には言いにくい。または、言っても何もし

てくれない

❹役割や担当業務と処遇が見合わない（給与が高すぎる）

1人のローパフォーマーのために周囲のメンバーに負担や不満がたまり、結果的に職場のモラールダウン（士気低下）を招くこともあります。ローパフォーマーを放置することは、会社に深刻なダメージを与えかねないのです。

ローパフォーマーを放置している事例

しかし、仕事ができないからといって、簡単に解雇することはできません。また、不用意に退職勧奨などを行えば、労務トラブルに発展しかねないでしょう。人事担当者としては最も避けたい事態です。

労務トラブルを恐れてか、ローパフォーマーの存在に気がつきながら、適切な対応をとらないでいるケースさえあります。

図表３　ローパフォーマーの組織内位置図

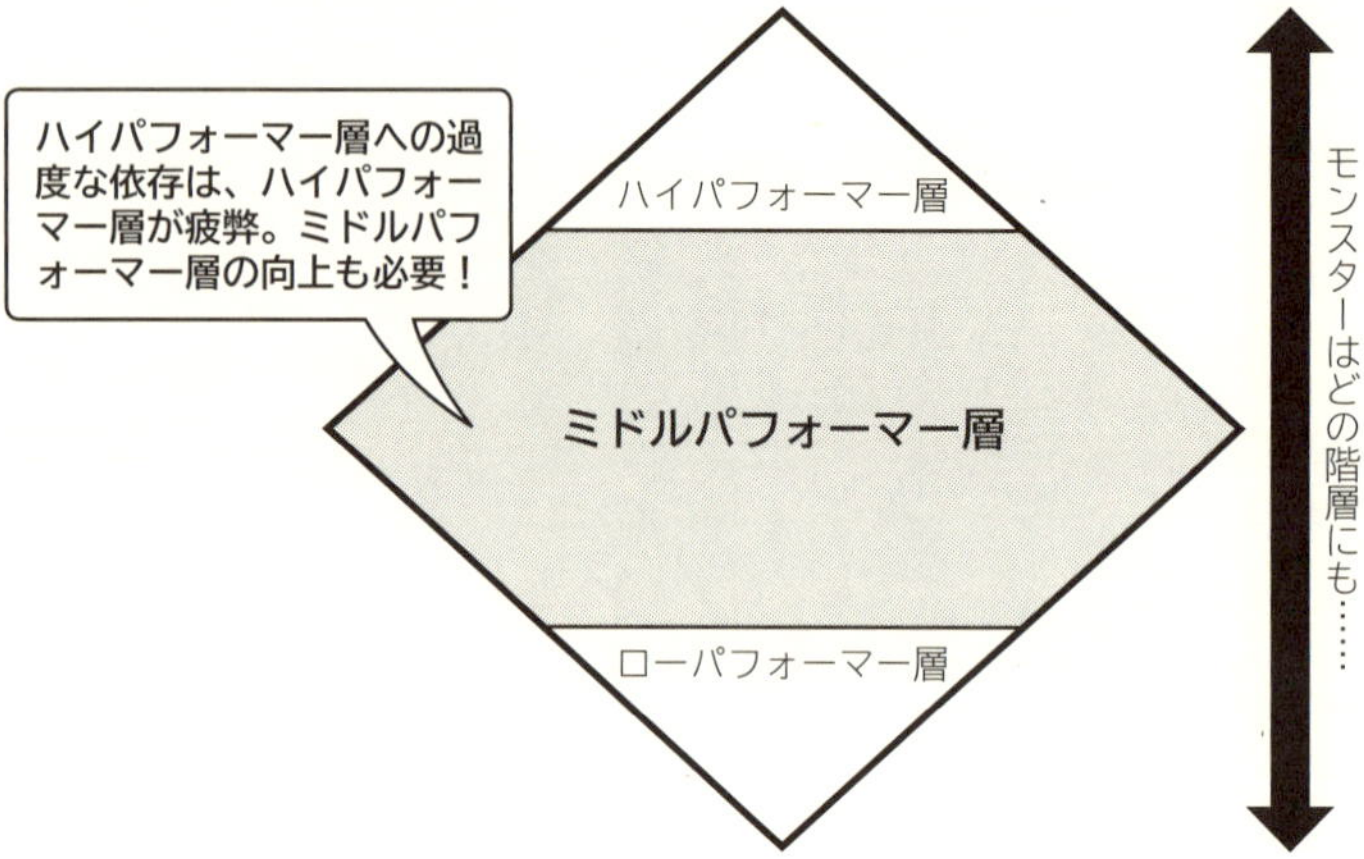

よくあるのが、次のような対応です。

❶異動させる部署もないので当たり障りのない業務を担当させている。業務上よほど支障がない限り、特に何も注意や指導は行っていない。

❷管理職は定期異動で交代するため、在籍期間を無難に乗り切ることが中心で本人への指導等は特に行わない。

❸専門的な能力や経験があるとして高処遇で採用したが、専門的な知識等も他の社員より劣り、期待された結果がまったく達成できなかった。専門知識等を必要としない他の部門に配転したが、処遇の変更はしていない。

こうした〈事なかれ主義的対応〉は、周囲の社員に会社に対する不信を募らせるだけです。人事担当者や管理職には、絶対にやっていただきたくない間違った対応です。

■ローパフォーマーを解雇する前にやるべきこと

職場の生産性を損なうローパフォーマーに対しては、最悪の場合、解雇も視野にいれて検討する必要があります。と言っても、即解雇ということではありません。

労働人口の減少で新規採用が難しいなか、ローパフォーマーといえども会社にとっては貴重な人的資源です。

まず、人事部門に求められることは、ローパフォーマーをミドルパフォーマーにするための努力です（図表３）。

それでもどうにもならないときは、まず合意退職を目指し、最終手段として解雇を検討することになります。合意退職を進める際には、金銭的あるいは再就職支援等の退職パッケージを検討することも忘れてはなりません。

ローパフォーマーの存在が企業にとって大きな重しとなっている。
放置すると他の社員のモラールダウンや労務トラブルの原因となる！

第7章

賃金制度編

01 絶対やってはいけない、こんな年俸制導入

拡大する年俸制は実はメリット皆無？

１９９０年頃から我が国でも年俸制の導入が盛んになりました。厚生労働省の「平成24年就労条件総合調査」によれば、１０００人以上規模の企業で32・６％がすでに導入済みということであり、やや拡大傾向にあります。「月給＋賞与」という従来のシステムと年俸制では一体なにがどう違うのでしょうか。

労働者にとって最大の関心事である賃金の制度が変更されることは、まさに一大事となります。昨今の導入の傾向を拝見していると、経営者の考える年俸制と労働者が考える年俸制に大きなズレがあるように思えてなりません。

法的な解釈や様々に発行された通達を考慮すると、年俸制を導入するメリットは実は皆無であると言わざるを得ません。我が国では年俸制の導入が労使双方にとって有意義な制度であるとはとても言えないのです。

年俸制でやってはいけない（不適切な）対応

以下は、やってはいけない年俸制の対応です。

①年俸制では時間外手当を考慮しなくても良い

もちろん、このような概念はどこにもありません。時間外手当の支給を免れるのは管理監督者以上の地位の者であるか、役員となります。多くの経営者が勘違いしているところです。また、雇用契約書その他に「時間外手当分を含む」との記載があったとしても、その計算根拠や計算結果などが明確でない限り、無効とされる例が多いのです。仮に管理職であったとしても、時間外手当の不支給の可否は、管理監督者扱いする範囲の適正さの問題と絡み、非常に微妙な段階となっています。「年俸制であれば時間外手当はいらない」という認識はあきらかに間違いです。

②年俸制でも賞与月に決まった額の賞与を支給する

賞与とは〝誉めて与える〟ものに違いありませんから、自動的に一定額を支給することにどのくらいの意味があるのでしょうか。リーマンショックの後にも中小企業の多くは賞与額を減額せざるを得ない状況に陥り、「そのかわり業績が回復したらもっと払うから」と社員にお願いをしたのです。しかし、このような状況下にあっても年俸契約者だけは一定額が支給されるのでは、誰も納得できる制度とは言えません。これからは賞与の額を確約などしてはいけないのです。

③標準報酬月額は年額を16で割った額にする

年俸額の一部を賞与として賞与月に支給する場合、社会保険の標準報酬月額から除外できるというのは迷信です。社会保険では名称の如何を問わず、支給の確定しているものは賞与とは言わず、年間に支給する賞与はすべて合算して標準報酬月額を算定することになります。

④時間外手当の計算根拠は年額を16で割った額にする

これも勘違いです。労働基準法でも通達が出ており、支給の確定した額は賞与とはならず月給に加算して計算根拠としますから、月給者よりも時間外割増賃金の単価が大幅に高くなるという理不尽な扱いが生じます。

⑤年俸制なら賃金の減額がしやすい

賃金の減額は非常に難しい面があります。能力が落ちた、成果が上がらない、パフォーマンスが低いなどの理由での減額は10％以内に留めるべきです。「年俸該当者であれば大胆に減額ができる」というのは、まやかしに過ぎません。実際には大きな減俸には「生活権を脅かすほどの労働条件の不利益変更」という概念がついて回り、年俸該当者といえども例外ではありません。

⑥年俸制の者を解雇する場合でも16で割った額をもとに平均賃金の30日分の解雇予告手

当を用意する

解雇を実施するにあたり、解雇予告手当が30日分で妥当か否かについてはそもそも事例ごとに判断されるべき問題ですが、年俸契約では違った判定をされることが普通です。年俸ではどこかで年額を提示しているわけですから、経営側からの一方的な解雇では、年俸提示額の残額を支給するというのが普通です。「1000万円の年俸を約束した者に100万円の支給実績しかない時点で解雇を通告するのであれば、残額の900万円を支払え」という賃金補償の問題が生じるのです。

このように検証していくと、年俸制へ移行する経営的メリットは1つもないような気がします。社長さんによっては年俸制の方が「カッコいい」という意見がありました。しかし、これからは「格好」でビジネスを推進してはいけません。年俸制の不備を突く労働組合も非常に増加しています。わざわざ争いの種を増やすことはありません。

賞与（ボーナス）の考え方

賞与とは業績によって変動するものです。以前には「年間何カ月」といった支給を約束してしまったルールを持っている会社もありました。今や賞与を生活給から脱却させなければなりません。賞与本来の「誉めて与える」という姿勢に強く立ち返るべきです。私は給与を減額しろとは言っていません。

個々の努力を成績として判定し、功績の顕著な者には多めに支給してこれを称え、努力の足りないと思われる者には少なめに支給し奮起させるという本来の目的を見失ってはいけません。評価期間のはじめに賞与額まで決定してしまう（または賞与の制度のない）年俸制には絶対に賛成できません。

年俸制は年に一度しか見直せない

年俸制の一番の特徴は、その額を年に一度しか見直すことができないという点です。賞与制度があればきめ細かに社員を評価することができ、それも給与改定を含めれば通常年に3回の考慮が可能となります。わざわざ社員を指導する機会を損失する年俸制は絶対に導入してはいけません。

年俸制を導入する企業は増えているものの、実は労使双方にとってメリットは皆無である！

02 絶対やってはいけない、期間按分の賞与制度

独自に発展してきた日本の賞与制度

賞与制度について、我が国は独自の発展を遂げてきました。

賞与とは、生活給である月給の他に、業績に応じて特別に支給されるものです。したがって、業績によっては支給されないことがあっても不思議ではありません。ところが、大手企業では、ほぼ確実に年に2回の賞与が支給され、その額についても経営陣と労働組合との春闘の場であらかじめ定められることが普通となりました。

ところで、支給されることが確実なものを賞与と呼ぶべきなのでしょうか。業績によって変動があるのだから賞与と呼ぶべきかもしれません。時間外手当の単価を決定する際に

も賞与は1カ月の期間を超える計算期間で支給されるものなので、これを除外して計算することになります。ところが、年俸制のときの賞与のように支給が確実なものについては、年間支給額の賞与を12等分して時間外手当の計算をしなければなりません。当然に単価が高くなります。また、社会保険の標準報酬月額に決定に際しても、12で除した計算をするよう指導されます。

賞与は本来、支給日現在の在籍者に支給するものですが、外資系企業の多くは在籍期間に応じた賞与を支給することもあるようで、この場合には資格喪失（退職）の後であっても支給されることがあります。

賞与制度導入時の注意ポイント

賞与制度について、注意すべきポイントを以下に列挙します。

①期間按分の賞与

賞与は全社のあるいは個人の業績によって支給額が決定されるべきものです。在籍していれば確実に支給されるということになれば、そもそも賞与としての性質上の課税の方法や社会保険料を控除すべきか否かの判定も非常に複雑なものとなります。月給であれば資格喪失後に残計算分の賃金が支給されることがありますが、賞与においては支給日現在の在籍者にだけ支給されるよう制度を見直すことをお勧めします。ただ、期間だけで支給されるのであれば、個別の評価の意味も薄くなります。

②資格喪失後の賞与の支給

退職日以後に賞与を支給しますと、その支給方法によっては社会保険料の控除がまちまちとなります。そもそも「資格喪失日（退職日の翌日）の属する月は被保険者とならない」というのが原則ですから、たとえば12月10日に賞与が支給され、12月20日に退職する者については当該賞与から社会保険料は控除できないことになります。事前に退職の申告があれば初めから社会保険料の控除はしないのですが、多くの例では賞与計算や支給の事後に申告があり、後に社会保険料相当額だけを返済することになります。この場合であっても、雇用保険料だけは「支給の都度控除」することになっていますから、たとえ資格喪失後の支給であっても控除することになります。

③何カ月分支給という表現を避ける

今でも賞与は「基本給の何カ月分支給」という会社があるようです。このため、基本給を意図的に低く抑えて賞与は年間10カ月分などと無意味な表示にこだわる会社もあります。退職金も賞与も月額給与から一旦離れて等級ごとのポイント制に移行されたらいかがでしょうか。

④按分型の賞与

期間按分型の賞与であれば入社時についても同様のことが言えます。全期間を在籍していない場合には支給額を在籍期間で除して計算することになります。そもそも新規入社については、支給額や支給方法を定めておいて、期間按分計算をしない方法がわかりやすいと思います。

賞与制度は日本独自の制度。
その代わり、不備な部分も多数ある。

03 絶対やってはいけない、こんな固定残業制

取り入れている会社は意外と多いが……

固定残業制を取り入れている会社は案外多いものです。特に所定労働時間が法定の1日あたり8時間を割っている会社や、週あたり40時間を割っている会社では、一定の時間外労働を見込んで賃金額を決定することがあります。他にも、事業場外労働や裁量労働制において正確な労働時間の算定がし難いときなどは、平均的な時間外労働をできる限り把握して一定の時間外労働時間を見込むことがあります。これらを総称して「固定残業制」と呼びます。

この措置がただちに違法となるわけではないのですが、労働者から見れば時間外労働を

しても一定の時間までは固定で見込まれてしまっているので、不満に思う者もいるようです。さらに計算方法や固定残業の額が不明確であれば、なおさらのこととなります。

固定残業制度で重要なポイント

固定残業制度を設ける際に重要なポイントを以下に列挙します。

①固定残業時間が不明確

せっかく固定残業制を設けておきながら、その時間が明記されていない例が多いようです。実際の時間外労働が30時間であろうが、40時間であろうが、まったく計算しないようなケースです。固定残業と言う限り、固定時間を明記すべきです。

②固定残業時間が多すぎる

固定残業時間は実態からの予測とはいえ、限度時間があるのは当然です。以前は月あたり40時間程度も散見されましたが、これでは36協定の年間限度時間360時間をはるかに超えてしまいます。常識的には30時間が限度かと思われます。もちろん50時間、60時間が認められるわけはありません。

③固定残業の金額の表示

固定残業時間外の金額の表示は重要です。まずは固定残業時間を明確にすべきです。次にその金額を表示します。時間外労働は、その時間と手当金額を毎月給与明細などに明記しなければなりません。30時間を固定残業として見込んだ場合は、

（基礎となるべき月額給与の額）÷（月あたりの所定労働時間数）＝（時間単価）

この時間単価に30を乗じた額となります。その時間が法定労働時間を超える部分については、さらに1・25倍することが必要です。

ときどき3万円、5万円など、ぴったりした一定額を固定残業手当として支給している例を見ますが、これでは固定残業の意味をなしていません。

④固定残業時間を上回った場合

固定残業時間制を導入した場合であっても、実際にこれを上回った場合にはさらに計算して追加支給することになります。

ここで事業場外労働と裁量労働の違いを少し考慮することが必要となります。両者ともに「正確な労働時間を算定し難い」というのがそもそもの導入目的ですから、固定残業時間を見込むことはあっても、これを上回った時間の計算はできないというのが正解です。正確な労働時間が算定できるなら、はじめからそうしなければなりません。固定残業時間の多い少ないという議論はあるところですし、これを必ず上回ることが予想されるのであれば、固定残業時間そのものを見直す必要があるかもしれません。固定残業時間を設定してこれを上回った場合、追加支給すべきなのは事業場外労働と裁量労働以外の業務の者ということになります。

⑤固定残業時間を下回った場合

固定残業時間制を導入しても、実績としては残業時間がこれを下回ることもあります。もちろんこの場合であっても、足りない部分を減額することはできません。固定残業時間を導入するのは一定の時間外労働が見込まれる場合に限ります。まったく時間外労働を行わない者については、制度に必ず違和感が伴い、トラブルの元となります。

固定残業制度を設けている企業は多い。しかし、詳細について定めていないと労働者の不満の温床となることも！

第8章

人事制度編

01

絶対やってはいけない、総合職・一般職の区分

総合職・一般職という言葉が生まれた背景

戦後の経済復興の時点から、「仕事で全面的にがんばるのは男性で、女性は家庭を守り家事や子育てを主な任務とする」という風潮が長いこと続きました。復興が進むにつれ、女性も社会進出し、仕事を選択することが当たり前になってきました。しかし、女性については補助的な仕事が多く、責任の度合いが低めの職種に就くことが一般的でした。特に結婚や妊娠を機に退職する例も多く、戦力としてはあくまでも期間限定的な要素が多かったようです。

そこで、「総合職」と「一般職」という区分を設定し、総合職とは総合的な判断を常時必

要とする根幹的な業務を担う者、一般職とは定型的、補助的、地域限定的な仕事を担う者と定義するようになりました。この区分自体そのものは問題ではありません。現実には総合職のほとんどが男性であり、一般職のほとんどが女性であるということが、その後法整備された男女雇用機会均等法で問題となったのです。

このことが大手企業の一部で裁判にまで発展し、最高裁でも違法であると判断され始めると、すべての企業では総合職、一般職という言葉を使うのをやめ、男女の区分ではなく、たとえば転勤が可能であるか否かを問うという内容に変化させました。

しかし、この場合であっても、結果として男女の構成比は問題となるに違いないのです。それはもちろん総合職の方が昇給幅が大きく、将来の年収に大差がつくことや、総合職だけに退職金制度が導入されていたり、役職に就く権利は総合職だけに与えられたりすることが多いからです。

就職する女性にとって、総合職と一般職のどちらを選択すべきかが大きな決断であったりします。収入が多いに越したことはないのですが、その分、責任ある勤務ぶりを要求されるからでしょうか。

昨今では男性でも一般職を選択することがあるようですが、そもそもこれらの区分がどの程度必要なのかについては吟味する必要がありそうです。

やってはいけない男女の区分

以下に、仕事の区分を設ける場合の注意事項を列挙します。

①やはり男女で分けるべきではない

都市銀行では一定期間での転勤は絶対に必要であり、総合職と一般職の区分は絶対に必要なものでした。金融というのは安全管理の点からも一つの支店に長期間勤務することは許されず、転勤は必須の要件です。

しかし、補助的な業務の者については、はじめから地元の支店に長期間勤務することを条件として採用されることがあります。結果として女性が転勤を希望しないことが多いのは確かですが、今後は男女の区分ではないことを明確にしておく必要があります。職務や賃金に関しては、男女で絶対に差を設けないという心がけが必要です。

②仕事の区分制限は拡大解釈する

仕事を男女で区分しないことについてはさらに研究が必要です。休憩時間などもそもそも原則として一斉に付与することを義務づけられていますが、「電話には間断なく出たい」などの理由で昼休みを交代区分する場合においても男女では分けない努力が必要です。男女混合の班制度をわざわざつくります。仕事ではことごとく男女区分をしないということは「ゴミは女性が捨てる」「お茶は女性が淹れる」なども注意が必要なのです。男女で区分していいのはトイレと更衣室くらいに考えて良いでしょう。

③評価

男女で仕事を区分しないとは評価においても考慮されるべきです。そもそも属人的要素に左右される制度はよろしくありません。

④管理職登用

政府は２０２０年までに女性管理職の割合を30％までに高めることを目標としています。女性の意識改革も必要であるところから実現へのハードルは高いことが予想されますが、貴社では一年発起してトライしてみませんか。

総合職・一般職という区分は過去の遺物。
男女の区分はトイレと更衣室くらいにするべき！

02 絶対やってはいけない、こんな職能資格制度

インフレ時代の制度をそのまま現在に当てはめない

職能資格制度の歴史は古く、１９７０年代には上場企業のほとんどが導入を果たしたと言われています。当時は組合員平均の昇給率が20％以上もあり、賃金制度管理とは、昇給管理に他ならなかったのです。

また、いわゆるインフレでもありました。昇給率が高い方が修正もしやすく、たとえば中途採用社員の賃金を高目に設定してしまった場合でも、昇給率を加減することで２～３年の内には賃金額水準の修正が可能でした。しかし、現在では15年以上にわたって全国平均昇給率は１％台で推移しており、賃金が高額過ぎる採用は取り返しのつかない事態を招

く場合があります。

昇給管理において、良かった時代そのままの制度を現在の状況に当てはめることは非常に危険です。現在では昇給率が低レベルであるばかりでなく、役職定年や再雇用制度、あるいは降格制度の導入などによって、減給さえも考慮しなくてはならないのです。

■やってはいけない制度導入・制度踏襲

以下に職能資格制度の導入や制度踏襲について気をつけるべきポイントを列挙します。

①職能要件が詳細すぎる

職能資格制度では、職能等級ごとの職能要件が決定されます。たとえば、「経理部における2等級とは、決算報告書が単独で書け、税務申告書の別表四までは計算可能な知識を有する者」などと業務の内容を詳細に記載します。これを職能要件と呼びます。

ところが、コンピュータを駆使する時代に突入すると、業務は固定的な様相から流動的なものに変化しました。明日は別の業務をこなさなければなりません。別表四は入社2年目の者でも計算できるかもしれません。職能要件を限定的に詳細に書き過ぎてはいけません。

②滞留年数と職能要件のギャップ

職能資格制度では滞留年数を設定します。「一定の等級には最短でも2年間留まり、最長でも5年間を経過した場合には上位等級に昇格する」。さらには平均的滞留年数も設定して運用します。しかし、これでは詳細な職能要件は数年後に誰も見なくなります。職能要件があっても滞留年数のルールが優先されるからです。滞留年数があると実は職能資格制度は年功給に他ならないことにもなります。職能は勤続期間に比例して向上し続けるという妄想からの脱却が必要です。

③職能給は号俸の集合？

職能資格制度では、給与レベルは職能ごとの給与レンジの他に号俸を設定して対応します。当然、等級が昇格するごとに号俸の幅は大きくなります。新卒レベルの等級では1号俸は800円ぐらいであるものが管理職クラスになると3000円ほどになる場合があります。どの等級もそのレンジの中に40号俸ほどを持つことになります。

しかし、はたして号俸は必要でしょうか。数万人を同時に管理しなければならないメガバンクでは必要であったことでしょう。行政機関なども例外ではありません。多種多様な職種の者を一元管理するには、統一的な職能等級と号俸の存在が便利であったかもしれません。昇給額も微細なものとなってきましたので、Aの評価では4号俸昇給すると規定していますと3000円×4＝1万2000円となります。これでは多すぎるので1万円だけを本昇給として、残りは調整手当とする。なんだか号俸さえなければなんの問題もないというナンセンスな対応を迫られることもあるようです。

④等級レンジをはみ出して昇給する

等級には上限と下限があったはずなのですが、いつのまにか「昇給しないわけにはいかない」という判断の下で号俸を追加してしまうことが多いようです。40号俸だったものが年を重ねるごとに追加され、倍の80号俸になってしまった例もあります。

等級の上限にたどり着いた場合には、昇格がない限り昇給もないという決断がなければ、ますます職能等級には意味がなくなってしまいます。

職能資格制度は経済成長時代に出来た制度。デフレ時代の現在においてはそのまま運用できない！

03

絶対やってはいけない、こんな昇格制度の運用

昇格制度に明確なルールを定めていますか？

どの会社でも等級制度あるいは役職制度などを持っているものです。さらに一定以上の区分からは管理監督者であることを明確にしておく必要もあります。

しかし、等級制度がまったくない会社はあり得ない一方、昇格制度について明確なルールを持たない会社も存在するようです。まさか以前のように、とにかく勤務年数の長さだけで昇格を決めているという会社はないと思いますが、御社ではどのような基準で昇格を決定していますか。

以前、基準は決まっているものの、その基準通りに運用すると55歳にならなければ誰も

部長に昇進できないという笑い話のような制度を持っている会社に出会ったことがあります。多角度から考察すると、この制度の問題点が浮き彫りになってきます。

こんな昇格ルールは問題あり！

以下に、問題のある昇格制度の例を挙げます。

①滞留年数を設定する

等級や役職に、最低あるいは最高滞留年数を設定することには反対です。数万人以上の社員が在籍し、全国に営業所や支店がある大企業で一度に人事評価を実施しなければならない場合には、ある程度の滞留年数を持って運用することも必要でしょう。しかし、多くの場面では、滞留年数があることが昇格の評価の存在を無意味なものとしています。

② 昇格に複数年の評価を合算する

「3年間A以上の評価を受けた場合には上位等級へ昇格する」。一見すると有効に思える表現ですが、実際には昇格の意味を台なしにしています。昇格とは、現存する等級あるいは役職から上位の等級などへ昇格する資格があるか否かを評価するものです。遠い未来のことを見越して、今年はAにしておこうというのは非常にナンセンスです。Aが優秀な成績であれば滅多に昇格などしないことになってしまいます。累積点により昇格する制度を見かけることがありますが、これでは、一定の点数を取得すれば次の年はDでも昇格することが判明してしまいます。これでは滞留年数を決めた手法と同じ過ちが発生します。

③ 等級数が少なすぎる

上場企業でも、全体がわずか4等級しかない制度を目にしたことがあります。これを果たして等級と呼んでいいものでしょうか。しかも上位の2等級が管理監督者というものでした。これでは、女性社員の多くは在籍中に一度も昇格しないまま退職することになります。等級制度の存在意義とは、社員が昇格を目指して努力することを奨励し、評価者は評価項目を参照しながら観察評価を継続することにあります。まったく昇格する可能性がないのに人は努力できるものではありません。

④降格のルールがない

１９７０年代はすべての年で多くの昇給率があったものです。賃金とは上がり続けるものでした。このような時代には降格を考慮しなくとも良かったのでしょう。

しかし、能力は上昇し続けることを前提にした職能資格制度は一部で誤りでした。漆職人や大工など「職人技」と呼ばれる技術を持つ社員は能力が生涯上昇し続けることがあるでしょうが、一般的な技術や販売能力などは勤続年数と比例しないことがあります。評価はそこも見逃さないことが必要なのです。

一旦昇格させると降格を通告することには相当な勇気が必要ですが、そこが評価制度活用の真骨頂です。現実には疲れてしまって成果を出せなくなってしまったベテランが上位等級にいて、非常に成績が良い若手社員が下位等級に停滞したままでいるケースをよく見ます。昇格があれば降格もありうることを制度化しましょう。

昇格制度のルールを明確に定めていない会社が意外に多い。
きちんとルールを定めて業績向上に寄与する制度にしよう！

04 絶対やってはいけない、役職定年制度

役員定年制度の功罪

役職定年制度を導入している会社は、未導入の会社よりも多いようです。しかし、問題点もあります。役職定年が従前の50歳だとすれば、今や65歳までの雇用を約する制度の導入を高年齢者雇用安定法で決定したところですから、なんと15年間の長きに渡り処遇が下がったまま勤務を継続しなければならないことになります。

継続勤務で重要なことはモラールの維持です。強引な役職定年制度の継続は会社にとってマイナス要因だけがあるような気がするところです。

役職定年制度のポイント

役職定年制度について以下にポイントを列挙します。

①歴史的な背景

役職定年制度を導入するきっかけとなったのは、「団塊の世代」と呼ばれる戦後のベビーブームによる人口の多い年齢層への対処でもありました。団塊の世代が40代で管理職となり、これを継続することになると次の若い世代は管理職になれないまま定年を迎えることも考えられました。しかも当時の定年年齢が55歳であったのも役職定年制度導入への抵抗感をなくしていました。

職能資格制度によって役職・肩書とは別の管理職待遇層を用意したのも、同様の事情が背景にありました。今や社内の人口構成は様々であり、年齢だけでくぎりをつけることには無理がありそうです。

②定年が60歳となったのは1998年

定年が60歳を下回ることができなくなったのは1998年です。このときに55歳で退職する者が多かった会社では、60歳までの雇用を約束する代わりに、55歳になるとすべての役職を免ずるいわゆる「役職定年制度」を導入しました。従前の役職定年が50歳であった会社も、その役職に応じて課長であれば52歳、次長であれば54歳、部長は55歳などと段階をつけて対応したケースがありました。

しかし、このときの継続雇用制度の努力義務規定はすでに65歳までの雇用でしたから、最大15年間の処遇の低下は避けられないものとなっており、多くの高齢者のモラール維持に難点があったものです。

③労働条件の不利益変更

現在では定年年齢は60歳を下回ってはならないとなっており、93％の企業は定年を60歳においたまま、65歳まで再雇用する制度を導入しているところです。この場合において60歳は定年であり、65歳までは再雇用ですから労働条件などを大きく見直すことも可能です。退職一時金の制度を持っていれば60歳で支給するのが正しい処置です。ところが60歳以前の役職定年制度によって賃金などを大きく減額することは避けるべきです。定年時とは異なり「労働条件の著しい不利益変更」と指摘された例もあります。

役職定年といえども、賃金総額の10％を超える減額は控えるべきです。

④将来の定年は65歳

さらに近い将来には定年は65歳になることが予想されます。55歳以前の役職定年はますます就業実態との乖離《かいり》が大きくなります。この際に役職定年は思い切って廃止し、定年後の賃金を見直すなどして、多くの人材を65歳まで雇用するシステムを作り上げるべきです。実際、大手自動車メーカーなどでは60歳以後も賃金の見直しをせず、65歳まで雇用する方法を発表したところです。

⑤年齢だけを評価しない

今後は定年後再雇用者であっても評価を継続しましょう。会社によっては60歳以後の再雇用者については評価を省略する傾向があります。しかし、人間はどのような環境下にあっても、観察評価されることに喜びを感じます。なにをしても良いと言われて、やる気が保たれるわけがありません。まして年齢だけを機械的に評価することは避けましょう。

役員定年制度は高齢者雇用ともリンクする問題。モラール低下を招かないよう注意しよう！

05

絶対やってはいけない、こんな目標管理制度

なぜ目標管理制度はうまく行かない

多くの企業に目標管理制度が導入されて久しいところです。

目標によるマネジメントであるから、Management by Objectives（ＭＢＯ）と称されて、給与額、あるいは賞与額決定の最重要要素であると位置づけていることも多いようです。

企業は、個々の社員の成果や業績を積み重ねて成り立つものであるところから、「個々の目標管理を徹底することは、業績に大きく反映するに違いない」という考え方は、一見すると正しい手法のように思えます。

さらに「目標面接を通じて、リーダーと部員とのコミュニケーション能力も増大する」

と言われており、いいことだらけです。

しかし、現実はそのようにはなっていない例が多いのです。

全社業績は結果としては、個人の成果の積み上げではありますが、全社目標は、個人の目標の積み上げであってはならないのです。会社は年度計画やその前提となる中長期計画をすでに持っています。したがって、各部署にやってもらうこともおのずと決まっているのです。

目標管理制度の失敗例

みなさんの会社で導入されている目標管理制度も、以下にご紹介するような、よくある失敗例に該当していないでしょうか。

①目標管理のために目標をつくる

導入当初であればともかく、目標管理が成熟してくると目標そのものの設定が困難になるか、達成可能な数値目標を探ることが上手な人間が現れてきます。

会社によっては、社会情勢や現状を無視して、「達成できるわけのない数値」を目標と称して与え、結局は誰も注目しないし、達成意欲が湧かない制度となってしまうこともあるようです。実際、この話を管理職研修などで話すと苦笑いをされる管理職の方もいたりします。

また、よくある事例としては、昨年度目標の焼き直しパターンです。こうなると目標管理制度はほぼ機能しなくなります。なぜなら本来取り組むべき重要な業務が、目標とならないからです。

②目標面接にムダに時間をかける

これがまた難しい問題です。個人としては直接給与額に影響があるなら、できる限り達成可能な目標を設定したいものです。

これに対して上長は、会社側として簡単に達成できる目標を設定したとは思われたくないので、かなりきつめの目標を示すことになります。

話し合いは数度に及び、双方歩み寄りながら、ようやく合意目標を設定する……。果たして、こんなことに意味があるのでしょうか。3年目には上長は疲れきってしまい、目標面接の直前には精神疾患に陥る人も出てきます。

どの本にも「個々との目標面接を徹底して実施する」などと記載されているために、本来の業務をそっちのけで目標面接に取り組む会社もありますが、このことがいかにナンセンスであるかを見直す時期です。

そもそも、評価制度には目標管理制度と同じような考え方が底流にあります。

一人の人間を「優秀だから他の者よりも昇給額を多くしよう」という発想には、暗黙のうちに個々の目標や課題などを評価者なり会社なりが、理解していたことになります。

目標管理は今後も多くの企業で継続して活用されるに違いありません。

しかし、目標設定に本人や上長が押しつぶされるような制度であってはいけません。

観察評価することが大切

評価者は部下を観察しなければなりません。当たり前のようですが、多くの会社ではこの当たり前のことができていないのです。

多くの評価者は、自分のことで精一杯で他人のことまで構っていられない、という心境で毎日を過ごしています。このことを教育さえしていない会社にも問題があります。

評価は観察から始まることをもう一度思い出すべきです。

部下は観察して、指導する

部下については、観察しなければなりません。観察すれば指導する場面も増えます。これこそが広い意味でのＥＳ（従業員満足）であると信じています。

さらにあらゆる先入観を捨て去る努力も必要となります。

多くの企業で導入されている目標管理制度はうまく行っていない。
成功のポイントは、評価者が部下をきちんと観察することである！

06

絶対やってはならない、こんな女性活用

女性の戦力化は時代の流れ！

今や、どの企業においても今後は「女性活用」が重要課題として取り上げられます。政府も「女性活躍推進法」を制定して問題解決を探っているところです。

しかし、女性が、結婚、出産、育児をする過程において、男性と比較するとそもそも労働時間が短縮されている傾向にあります。一方、人材不足も深刻化しており、女性であることを理由に企業が女性を戦力から除外して考えるのは非常に非効率です。したがって、多くの女性を管理職としてステップアップさせて、戦力化することは法制定を待たずしても当然のことなのかもしれません。

女性活用が非常にうまく行っている業種の例としては、女性下着メーカーや健康産業などが挙げられます。女性でなければできない仕事の分野では当然でしょうが、実はここにヒントもあります。これらの産業ではそもそも女性と男性を区別して考えない傾向が強いのです。

もちろん、女性活用を意識し過ぎて女性社員だけを管理職に登用するようなことは避けるべきです。女性であることを特に意識せずに仕事の配分をしていくことが本当の女性活用につながるような気がします。

■女性活用で注意すべき点

女性活用を推進するにあたり、注意すべき点を以下に列挙します。

①女性だけがやる仕事をつくらない

女性を特に意識しないことが得策であるのですから、わざわざ女性だけの仕事をつくりあげないことが重要な配慮です。たとえば、来客のお茶出しについては仕事の一環であることから誰が淹れても問題は少ないのですが、以前は女性社員は出社するとまず男性社員のデスクにお茶を淹れて回るのが朝の仕事でした。また、禁煙措置がほとんどない時代、社内にはアルミの灰皿がたくさん用意されていて、これも女性社員が各デスクに置いたり、取り替えたりしてくれたものです。

その他の一般的な仕事であっても、仕事を男女で分けないことが正しい理解です。たとえば、「営業は男性、営業事務は女性」などの区分は止めにしましょう。歴史の長い会社ほどやや難しい改善かもしれませんが、「どの仕事も男女ともにやる」という心がけから進歩があります。

② 女性を呼称で意識しない

男性を〝ちゃん〟づけで呼ぶような職場はあまりないと思います。しかし、女性については、つい「○○ちゃん」と呼んでいませんか。確かに女性が職場の花のような存在であった時代はありますが、もちろんこのままでは問題は深刻化します。呼称など身近な問題から注意していきましょう。

③労働時間の長さで評価しない

女性が出産・育児などの問題で男性よりも労働時間が短めになるのは致し方ないところです。しかし、労働時間の長短で仕事ぶりを評価していた時代もあり、これでは女性は評価されずに終わってしまいます。評価制度では結果や量だけにこだわるものから、そのプロセスや努力も評価されるものに変更すべきです。短時間で成果が出せる仕組みづくりも必要となります。

④育児休業を男性も取れるようにする

育児休業はもともと男性でも取得できるように制度変更がされたのですが、実際には男性が取得する例はまだまだ少ないようです。女性は育児などで労働時間が短縮されてしまうのであれば、男性が育児休業を取得できるように環境整備することも一考かもしれません。

⑤総合職・一般職の区分を廃止する

これを機会に「一般職」という差別的な職種を廃止することも有効です。もともと女性を意識した制度であるわけですから、一気に廃止して取り組みましょう。
くり返しますが、仕事を男女で分けない努力を継続していけば、おのずと女性活用の場は増えていくものです。

女性の活用は時代の流れ！
仕事を男女で分けない努力の継続が本当の女性活用につながる！

07 絶対やってはいけない、こんな再雇用制度

再雇用制度は当面の人手不足解消に有効

再雇用制度は、今や会社の人事制度の根幹の一部をなすと言っても過言ではない、重要な政策です。再雇用制度なくして会社は存続できません。

昨今は急激に人材不足の状況となっています。人口構成的にもこの傾向はしばらく継続するものと思われます。そこで再雇用者の登用は非常に有効な手段のひとつです。

しかし、再雇用者とは多くの場合、高年齢者のことをいいます。配慮しなければならない点が多数ありますが、このことを無視して制度設計をしてしまった例もあるようです。せっかく再雇用制度を設計するのであれば、有効な人材活用につながるようなものにしたい

ところです。

やってはいけない制度設計

再雇用制度の設計において、重要なポイントを以下に挙げます。

①人材に年齢の貴賤はないと考える

少し前までは、再雇用制度の設計を法的に強制されて、どちらかといえばいやいや導入した企業もあったに違いありません。また、諸先輩が60歳や55歳くらいで退職する事実を見てきた今の経営陣の中には、65歳までの雇用を義務づける制度に違和感を覚える方がいるのは事実です。

しかし、時代は大きく変わっています。60歳以上の労働者を余剰人員とか退職予備軍とは考えずに、戦力としての期待を込めて対応する企業こそが競争に勝ちます。以前はソフトウエア産業などで40歳定年説などとまことしやかに言われたものですが、年齢による人材の貴賤などあるわけがありません。

②再雇用制度で人材確保をする

すでに人材の奪い合いが始まっています。「良い人材はいつでもコンスタントに採用していくべきである」と中小企業などで指導してきました。多少の不況の時期や採用試験に多くの人が集まるときにはなんの危機感も抱かず対応しているものですが、いざ人材確保が困難な状況になると、各企業が一斉に採用に奔走するので、あっと言う間に人材不足に陥ります。そんなときであっても、そもそもそこにいる60歳定年到達予定者を戦力として再雇用することがどんなに有効なことであるか再認識すべきです。新卒社員よりは商品・製品知識が豊富であることに間違いありません。

③高齢者の特性を知る

これからは、今までより確実に多くの人を再雇用することになります。となれば高齢者の特性を理解しておく必要があります。

高齢者には多くの長所があります。一般論ではありますが、長く勤務した人には責任感の強い人が多いです。商品・製品知識が豊富であることは当然です。

もちろん、短所もあります。自分の過去の経験にこだわり過ぎる傾向があり、良くも悪くも頑固な面が増えます。また、改革意識に乏しいことがあります。体力的傾向は顕著で、視力、脚力、持久力、筋力などは年齢の増加に伴って確実に衰えています。したがって、次のような作業は極力避けます。

- 脚立に上るような作業
- 目や耳を酷使するような作業
- フォークリフトの運転
- パレット積みなど過酷な現場
- 冷蔵庫・冷凍庫などの温度の変化の顕著な現場

④その他注意事項

健康診断は毎年1回以上継続して受診することになっていますが、60歳以上は成人病検診だけでなく人間ドックなどにするのも一考です。また、産業によっては年に2回の受診を勧める会社もあります。休憩室や仮眠施設なども充実したものに変更する必要があります。高齢者向けのパソコン教室の開催や英会話教室も有効なことがあります。「高齢者うつ」というものも存在するようですから、若年者層よりもさらにメンタルヘルスケアに注意が必要です。逆に素養のある高齢者であれば、メンタルヘルスケアの相談窓口なども担当していただけます。

高齢者の再雇用は当面の人手不足には有効な手段。長所と短所を把握してうまく活用しよう！

08

絶対やってはいけない、こんな管理職研修

吉田松陰は現代に模範とすべきではない

管理職研修の実施は必須の業務です。財務的に余裕のあるときは管理職研修を実施する会社も、いざ不況となるとつい後回しにすることがあります。会社の業務を回しているのは経営者だけではなく、管理職の手腕にもかなり依存する部分があります。ましてや会社の将来は管理職クラスに委ねられていると言っても過言ではありません。だとすれば、管理職層がリーダーシップを持ち、一定の意識水準を保つことで会社は変化します。会社の未来構築のためには管理職研修は欠くことができない手法なのです。

しかし、会社によっては、この段階ですでに誤りを犯している場合があります。それは、

研修を実施して管理職の人となりを変えようとしても無理があるということです。結論から言えば、管理職はもう大人なのですから、性格や人格や考え方を変えようという研修は無意味なのです。社長や経営陣の考え方を押しつけようとする研修も無意味です。

社長を明治維新の吉田松陰や戦国時代の豊臣秀吉のように扱ってもだめなのです。現在の社長が目指すべきは吉田松陰ではありません。会社の過去の成功例は時として邪魔になることさえあります。これからの管理職研修では過去にとらわれず、環境の変化に順応できる能力を見つけるためのものでなくてはならないのです。

もう一度だけ言います。人そのものは変われません。組織の流れや、しくみや仕事の方法を変えるのです。

■管理職研修で犯しがちな考えや誤り

管理職研修に関して、犯しがちな考えや誤りを以下に列挙します。

①ハラスメント研修も必須

別の項でも申し上げたことですが、昨今では残念ながら各種ハラスメントの研修が不可欠です。本人がいいと思っていることが社会では許されないことであったりもします。この勘違いは絶対に是正しておかなければなりません。ところが、パワーハラスメント研修を連日実施した直後、管理職がすっかりおじけづいてしまって、部下にまったく話しかけなくなったといった失敗例を見てきました。研修は方向性を間違えると逆効果となることもあることを覚悟しましょう。

これも別の項で申し上げたことですが、社内コミュニケーションの増大なくして発展はありえません。逆効果となる研修を極力避けます。

②酒を飲まなくても良い

かつて「飲みニケーション」という言葉が流行したことがあります。「コミュニケーションとは飲みに行くことだ」と言わんばかりに、連日居酒屋に繰り出して結局は会社批判や仕事へのグチ、上司の悪口などで時間を過ごしてしまうのです。

コミュニケーションはもっとフォーマルなものでなければなりません。特に事業場内での飲酒は最小限にしましょう。かつてのように年末年始や新入社員歓迎会のために職場で大量の酒を長時間飲むことは避けたいものです。勤務終了後の酒の席がかえってパワーハラスメントの温床となることさえあるのです。

③報・連・相のうちの相談

管理職研修では報・連・相の方法についても必ず勉強しましょう。報・連・相は絶対に必要ですが、「管理職が部下の報・連・相を待つ」という姿勢では必ず失敗します。部下からの報・連・相を待っていてはコミュニケーションの円滑化にはなかなかつながりません。報・連・相ができていないことについて上長が部下を叱るシーンをテレビドラマなどでよく目にしますが、報・連・相がスムーズでない理由の多くは管理職側にあるのです。

報・連・相のうち、最も部下に求める要素である「相談」を管理職から部下にすることを強くおすすめします。新しい仕事の内容や期限の迫った仕事について、上長から部下に相談の形で投げかけてみます。部下は仕事の重要性を再認識して、積極的に取り組むようになります。

会社の未来構築のために管理職の研修は行うべき。
ただし、研修の内容は時代に即して変えていくものである！

09 絶対やってはいけない、勘違いＥＳ（従業員満足）

従業員優先でおかしくなる組織

昨今の人事コンサルティングの傾向をみると、どの産業でもビジネス手法の見直しや、新たな商品開発などに躍起となっているところです。

そんな折にＥＳ（従業員満足）を推進するようなコンサルタントがまた登場しています。

確かに「従業員が生き生きとしていればビジネス環境は良くなる」という考え方は正しい一面があります。

しかし、いきなりＥＳ優先の手法を取ると、多くの組織はおかしくなります。国家公務員がいい例です。格安の宿舎が与えられ、よほどでないと解雇になることはなく、有給休

暇も全部使え、残業代はチェックされることもなく、官僚ならば天下り先さえ確保できる。そして、CS（Customer Satisfaciton ＝顧客満足）はあまり良くない場合が多いのです。「ESが高いとCSも高い」とは限らないのです。「従業員第一主義」などと言っている企業こそ、給料が安かったりもします。ESはあくまでもCSの結果であることを、今一度思い出さなければなりません。

従業員満足（ES）は顧客満足（CS）の結果である

従業員の待遇を良くするためには、お客様を優先して利益を高めるしか方法がないのです。CSの向上こそが働きがいのアップにつながり、業績の向上につながり、さらにESの向上があるというサイクルを無視してはなりません。順番を間違えて、ES向上の手法を先に学ぶ必要もありません。いつの間にか〝顧客優先〟という良い風土が浸食されつつあります。

以下は、意外なところにある人事のESの落とし穴です。

❶社員のために従業員満足（ES）の制度を取り入れたい
❷社員と目標管理制度について真摯に話し合いたい
❸目標面接には時間をかけるべきだ
❹部下の意見は十分に取り入れたい

近年ES（従業員満足）が叫ばれているが、ESはCS（顧客満足）の結果であることを忘れてはならない！

10 絶対やってはいけない、闇雲なコストカット

不必要なコストは好調時でもカットすべし

会社の経営は一筋縄には行きません。必ず浮き沈みや好不調の波があるものです。不調のときには、経営陣から人事を経由して厳しい指示が飛んできます。多くの場合、「無駄なコストをできる限りカットしろ！」というものです。

コストカットは、どの会社でも行われる、当然と思われる指示ですが、実はこれが問題なのです。もちろん、無駄なコストはないに越したことはありません。しかし、あまりにも小さいことにこだわり過ぎて、肝心の本業が疎かになるようでは本末転倒です。

バブル崩壊の後には、銀座の高級クラブから一気に客足が遠のきました。今では店舗数

が最盛期の半数以下になったと聞きます。その当時、「タクシー券」というものが各会社の総務人事に配賦されていました。顧客と銀座で飲食をした後には、顧客にタクシー券を手渡すというのが一種の礼儀でもありました。顧客ではなく、社員自身がタクシー券を使用することについて目をつぶることもあったようです。これら必要のない贅沢については、好調時であっても当然コストカットすべきものかもしれません。

経営陣はコストカットよりも社員に夢を与えるべき

しかし、コストカットがすべて善であるとも限らないと思うのです。コストカットの専門コンサルタントが存在するように、一度コストカットを提唱し始めると留まることができなくなってしまう会社を見たことがあります。コストカットによって生産性が上がるなら良いのですが、逆にコストはカットできたが生産性が低下するということであれば、企業体は縮小傾向にあることの証明となります。行き過ぎたコストカットをやってはいけません。

私がある有名企業を訪問したとき、社員の目標となる存在であるはずの社長が朝礼などでトイレットペーパーの1回の使用量まで制限しているのを聞いていたときには愕然としたものです。経営陣や人事部は社員に夢を与える努力を継続しなければなりません。

反対に、ある中小企業では昼の弁当を社員に無料提供しました。もちろん課税などは必要なのですが、たった430円の弁当で社員は大満足したようです。中小企業だからこそできることかもしれませんが、食べ物や飲み物など絶対に必要なものまでコストだと考えすぎると悪影響だけが先行することがあるようです。

以下は、注意が必要なコストカットの事例です。

①廊下の電燈を半分以下にして薄暗い中を歩くことを提唱する

製造現場などでは労災事故につながりかねません。第一、「頑張ろう」という意欲がそがれるに違いありません。職場はできる限り明るい方が良いです。

②ボールペンは最後まで使い切ったものを持参しないと次の新品を支給しない

できる社員は文具などを自前で調達します。コストカットは実効性のあるものに絞る必要があります。100円単位のものまで規制するのはどう見ても逆効果です。

③通勤定期代を1カ月単位から6カ月単位での支給とする

6カ月定期の方が多少安いのはわかるのですが、中途入社や退社時の精算、なによりも管理事務量の増大などを考慮すると6カ月定期にするメリットはほとんどありません。こんなことに目くじらを立てるくらいなら、給与制度、評価制度、昇給制度などについてもっと研究すべきです。

④社長がコストカットについて直接言及する

できれば社長というのは、企業の未来展望や新しい商品（製品開発）などについて話す存在であるべきです。いつもいつも「コスト削減に協力してくれ」では迫力不足です。社員が縮こまってしまいます。人事部長が身を挺してでも止めるべきです。某大手製造業でコストカッターを社長に据えた例はありますが、我が国では行き過ぎたコストカットは違和感があると言わざるを得ません。「常に原価意識を持て」は実は禁句なのです。

⑤ 残業時間を切り捨てる

時間外労働において30分未満の時間を切り捨てることによってコスト軽減を図っている会社があるようです。あるいは終業時刻から30分間については強制的に休憩時間とし、実際に働いていた場合でも、これを過ぎた時刻から計算をするような例があります。いずれも違法と判断される可能性があります。時間外労働や時間給の方の就労時間については、できれば分単位で集計することをお勧めします。

こんなところで微細なコストを削減するよりも時間外労働そのものの削減措置を主張すべきです。

行き過ぎたコストカットは、会社の活力をかえって削ぐ可能性がある。企業のトップは安易なコストカットを口にするべきではない！

11

絶対やってはいけない、中堅中小企業の社内貸付制度

社内貸付制度は廃止すべき

以前は社内貸付制度を持つ大企業は多数ありましたが、現在ではかなり限定的となっています。住宅ローンはともかく、労働者が災害で被災した場合や長期の病気療養が必要となった場合などでは、社内貸付制度は心強いものです。しかし、貸付金は必ず返済してもらわなければなりません。会社とその労働者の関係でも当然です。

ところが、収入が減り、返済不能となるケースが多々出てきました。貸付けた会社が労働者を提訴するようなことにはなりたくないものです。また、ごく稀に社内貸付制度を悪用して、当初から返済を念頭に置かず、貸付金入金の直後に退職してしまうという例もあ

りました。さらにその後破産宣告まで受けた者もいます。福利厚生的な意味から制度を構築しても、大きな悪意には歯が立ちません。税務的にも様々な規制があり、当局から強い指導を受けた会社もあります。

会社は労働者に労働の対価としての賃金を支給します。そこが原点であり、基本です。他に福利厚生的な用意をすることは非常に良いことではありますが、金銭を直接貸しつける制度は見直すべきであると思われます。

社内貸付制度設計で注意すべきポイント

社内貸付制度について、注意すべきポイントを以下に列挙します。

①貸付金に限度額を定める

貸付金は返済を計画的に実行することが必要ですから、収入や勤続年数に応じた限度額の設定は絶対に必要です。もともと返済できない額であれば貸付けた方も悪いということになります。常識的には管理監督者で500万円以下、その他では300万円以下あたりが妥当ではないでしょうか。

②労使協定を締結する

貸付金は毎月の給料から返済するのが普通ですが、実はここに落とし穴があります。給料からは法律で定められたもの以外は通常控除することができません。法律で定められたものとは、一般的に源泉所得税や社会保険料などです。貸付金の返済を毎月の給与で行うためには、別途労使協定の締結が必要となります。

③取扱い規定を設ける

社内貸付金制度を有効にするためには就業規則の別規定として、貸付金に関する取扱い規定が必要です。取扱い規定には当該貸付金制度の目的や金利のこと、貸付限度額、保証人、返済方法と額、禁止事項などを盛り込みます。

④保証人に頼る

保証人を立てることを条件にすると実際には貸付制度が無効になる危険性もあります。社内で保証人制度の代行システムをとることも一考です。仮に保証人が立てられたとしても金融機関が用意する金銭消費貸借契約で言う連帯保証人とはまったく異なるものであることを覚悟しなければなりません。

⑤休職期間など給与がないとき

労働者にはなにが起こるかわかりません。貸付金残高がある内に退職することもありえます。この場合の返済方法についても定めておく必要があります。また、休職や育児休業、介護休業期間などは給与が発生しませんので、同じく返済方法や返済猶予などについても定めておくべきです。

⑥社内預金制度もないほうが良い

社内貸付金制度のある会社には社内預金制度もあるものでした。こちらこそ法的なしばりが強化されました。労働者の権利である社内預金は会社が勝手に運用することはできません。利息も法定で定められています。管理の難しさを考慮すると、社内預金制度を導入しないことが最善の方法です。

社内貸付制度とはいえ、融資関係には変わりない。
福利厚生制度という認識は捨て去ろう！

12

絶対やってはいけない、社員個人情報の開示

社員の個人情報が狙われる時代へ

マイナンバー法が施行され、社員個人情報への関心がますます高まったところです。顧客情報の漏洩についてこれまで数々の事件がありましたが、すでに対策を打った会社も多いはずです。今後の情報関連事件は社員個人情報に移っていくことは明白です。

思えば、我が国では長い間個人情報への警戒感が非常に乏しい状態であったことを認めざるを得ません。良い意味では治安の良い国であったと言えます。しかし、数々の事件を経験し、諸外国に倣って個人情報を保護する法律を制定したのはかなり後になってからのことです。会社においても個人情報の取扱いについては、その管理が不十分でした。贈り

物を送りたいという目的であれば、役員の住所を外部の人に簡単に教えてしまっていたものです。

■要チェック！　取り扱いを検討すべき書類

これからは「個人の安全を確保する」という最低限の目的を達成するためにも、社員の個人情報の取扱いは非常に重要なものとなります。

今まで曖昧であった以下の書類の取扱いは絶対に検討しなおすべきです。

①住所録の廃止

かつては多くの企業で従業員の住所録を作成していた時代がありました。氏名・肩書・住所・電話番号、ときには生年月日まで記載されたものを全員に配布したものです。取り扱いについても特に制約がなく社外に流出してしまうことも度々あったようです。住所録を作成する理由が緊急連絡網など明確であるならばともかく、年賀状を書くときに便利であるからなどという些細な理由もありました。

しかし、現在では、これらが一度外部へ流出してしまえば、悪徳商法の業者に利用されたり、非合法な宗教団体に悪用されることもあるほか、いわゆるオレオレ詐欺犯罪集団の類にも手渡される可能性があります。安易に住所録などを作成することは慎むべきです。

②扶養控除申告書の開示

毎年年末になると、その年の所得税額確定のために従業員には「扶養控除申告書」の提出が求められます。平成28年分の扶養控除申告書からはマイナンバーも記載することになりました。マイナンバーの他にも、扶養家族の内容や生年月日、障害の有無など、かなり重要な個人情報が記載されている書類です。まず給与担当者の教育を徹底すること、当該書類の保管方法を見直すことなどが絶対に必要な措置となります。扶養控除申告書の他にも、マイナンバーが記載された書類はその廃棄方法の研究も必要です。

一方、国税に関する書類は7年間の保管が義務づけられていますから、今までの対応では不十分な会社が多いはずです。カギのかかるロッカーの整備や事務担当者の配置は当然ですが、全社員に対する教育訓練の実施なども欠かすことができません。扶養控除申告書を一般の方に開示することは許されません。

③健康診断結果報告書の産業医以外の確認

労働者は少なくとも1年に1回の健康診断を受診することとなっています。以前は個人の受診結果について、会社が把握し対処することが普通でした。たとえば、血圧が高めの社員については現業から事務職への配置転換を実施するなどの措置です。

しかし、昨今では健康診断の結果は個人情報であることから、情報の取り扱いについて注意するように指示されています。そもそも採用時に事前に健康診断結果報告書を応募者に提出させ、各所見の指数などを確認して採否を決定していた時期もありましたが、これも違反ということになります。雇入時の健康診断は会社がやるべきことですが、本人への診断結果報告が目的であって、会社はその内容を確認すべきではありません。健康診断の結果報告書を見るのは産業医と本人だけであることをもう一度確認してください。

④マイナンバー関連

２０１６年１月からマイナンバー制度が施行され、数多くの書類にマイナンバーが記載されることとなりました。現状では税務、社会保障、災害対策の目的にしか使用できないことになっています。給与計算では扶養控除申告書や源泉徴収票にマイナンバーの記載が必要ですから、会社は個人からマイナンバー情報を取得しなければなりません。しかし、保育園に提出する源泉徴収票は税務ではありませんからマイナンバーの記載はできないことになります。マイナンバーは保管も出力も注意を要する情報です。

これからは企業にある個人情報が狙われる時代。マイナンバー制度開始を契機に、社内の取り扱い規定を見直そう！

13 絶対やってはいけない、こんなマイナンバー対応

故意ではない、うっかり漏洩に関する事務手続きは？

２０１５年10月からマイナンバーが通知され、２０１６年1月から実際に行政手続で利用されます。

各企業もマイナンバー対応に追われています。マイナンバー法への対応のなかに、取扱規程の整備というものがあります。従業員が１００人以下の中小企業を除いて、取扱規程の策定は必須です。

この取扱規程の策定で例示されている項目は、取得、利用、保存、提供、削除・廃棄とされています。これら各段階別に、取扱方法、責任者・事務取扱担当者およびその任務等

について定めるものと考えられています。

この規程の策定については、書籍や各種サイトに雛形が掲載され、これをたたき台に自社に即した内容に編集すればよく、準備しやすいところです。ところが、実務ベースで考えると、大変なのはこれからです。規程には〝ほとんど〟と言ってよいほど、具体的な事務手順等は記載されていません。

マイナンバー法は、個人情報保護法に比べて罰則が強化されたということは周知の通りですが、これは主に故意に情報を漏洩した場合等が対象となっています。では、「故意でなければ、うっかり漏洩は許されるか」という問題になります。うっかり漏洩であっても許されるはずがありません。会社の信用を貶める事態に発展しかねないからです。

実務上の漏洩リスクを回避するには、故意による漏洩は当然のことながら、うっかり漏洩も回避できる事務手順をきちんと定め、その手順に従ってマイナンバーを取扱わなければなりません。ところが案外、この事務手順がおざなりにされている例が多いのです。

マイナンバー制度で決めておくべき事務手順

以下に、マイナンバー制度開始に伴って、決めておくべき事務手続きを列挙します。

①マイナンバーの取得

入社、扶養家族の追加等の事務フローを決めておきます。

- 従業員等が提出するもの
- 事務取扱担当者の受取、本人確認、個人番号データの保管
- 特定個人情報の取得について記録、データ等の保存

②マイナンバーの利用・保存・提供

利用目的に基づく書類作成・届出・保管の事務フローを決めておきます。

- 対象事務：源泉徴収票作成事務、給与支払報告事務、支払調書作成事務、社会保険や雇用保険関係の届出事務
- 事務取扱担当者による個人番号を記載した書類の作成・届出

・作成する書類の整理（扶養控除申告書・取得届・扶養異動届・住所氏名の変更届等の作成）
・役所への届出方法（持参、郵送、電子申請）
・特定個人情報の取扱について利用・提供の記録
・特定個人情報のデータや書類の保管（パスワードやアクセス権限の設定、鍵のかかるキャビネットに保管）

③マイナンバーの削除・廃棄

退職、扶養家族の減少時、保存期間経過後の事務フローを決めておきます。

・退職や扶養家族の減少に基づく、事務取扱担当者による個人番号を記載した書類の作成・届出（源泉徴収票・喪失届・扶養異動届等の作成）
・特定個人情報の取扱について削除の記録
・保存期間に基づく廃棄実施予定の特定個人情報の廃棄と廃棄の記録
・管理責任者が廃棄したことを確認

これら事務手順を決めた後は、事務取扱担当者が手順通りに事務を行うよう適切に監督するとともに、定期的な教育を継続して行うことが、人的管理措置として求められています。

スタートしたばかりのマイナンバー制度。事務手続きのモレがないかどうかチェックしよう！

おわりに

絶対やってはいけない会社の人事施策について思うままに執筆させていただきました。中には私どもの意見に賛同しかねるという部分もあったことと思います。

実は人事制度には１００点という概念がありません。会社によって採用できないものもあります。多くの会社で可とされているものが、ある会社では絶対に不可であるといった場面もあります。

しかし、これまで長年にわたる人事コンサルティングの経験の中で、〝常識の嘘〟のようなものがたくさんあることを確信しております。良かれと信じて導入したものが、あるいは専門書に書かれていたから導入したものが、まったく機能しないこともあります。実際、心からの励ましと信じて発した言葉がパワハラと認定されることもあるのです。

貴社の人事制度を見直す機会がございましたら、どうか本書に掲載させていただいた項目を参考にされ、やってはいけないことを事前に避けて、明るい未来を描ける会社となられますことをご祈念申し上げます。

本書の発刊にあたり、的確な助言を頂戴いたしました総合法令出版の田所陽一様、専門的かつ経験に基づく意見を多数出してくれたトムズ・コンサルタントの社員一同に心から感謝いたします。

2015年9月吉日

トムズ・コンサルタント株式会社　河西知一・小宮弘子

【著者紹介】

河西知一（かさい・ともかず）

特定社会保険労務士／トムズ・コンサルタント株式会社 CEO
大手外資系企業などの管理職を経て、平成7年社会保険労務士として独立後、平成11年4月にトムズ・コンサルタント株式会社を設立。労務管理・賃金制度改定等のコンサルティング実績多数。その他銀行系総研のビジネスセミナーでも明快な講義で絶大な人気を誇る。著書に『モンスター社員への対応策』（泉文堂）など。

小宮弘子（こみや・ひろこ）

特定社会保険労務士／トムズ・コンサルタント株式会社 COO
都市銀行にて外為業務、人事総務業務に従事。資格取得後、トムズ・コンサルタントに入社。「人」に関するスペシャリストとして、分野を問わずにマルチに活躍。労務相談業務を中心に人事制度改定や就業規則改定等、幅広く活躍。その他セミナー講師等としても活躍。著書に『法律家のための年金・保険』（新日本法規）。

株式会社トムズ・コンサルタント
http://www.tomscons.co.jp/

装丁・本文デザイン／小松学（ZUGA）
本文 DTP・図版制作／横内俊彦
カバーイラスト／©iStockphoto.com/leremy

絶対やってはいけない会社の人事

2015年11月2日　初版発行

著　者　河西知一・小宮弘子
発行者　野村直克
発行所　総合法令出版株式会社
〒103-0001　東京都中央区日本橋小伝馬町 15-18
ユニゾ小伝馬町ビル 9 階
電話 03-5623-5121

印刷・製本　中央精版印刷株式会社

落丁・乱丁本はお取替えいたします。

ISBN 978-4-86280-475-4
総合法令出版ホームページ　http://www.horei.com/